优秀银行客户经理
培训20课

立金银行培训中心　著

中国金融出版社

责任编辑：贾　真
责任校对：潘　洁
责任印制：丁淮宾

图书在版编目（CIP）数据

优秀银行客户经理培训 20 课（Youxiu Yinghang Kehu Jingli Peixun 20ke）／
立金银行培训中心著 . —北京：中国金融出版社，2011.5
ISBN 978 - 7 - 5049 - 5907 - 2

Ⅰ.①优… Ⅱ.①立… Ⅲ.①商业银行—银行业务 Ⅳ.①F830.33

中国版本图书馆 CIP 数据核字（2011）第 059714 号

出版　**中国金融出版社**
发行

社址　北京市丰台区益泽路 2 号
市场开发部　（010）63266347，63805472，63439533（传真）
网上书店　http://www.chinafph.com
　　　　　（010）63286832，63365686（传真）
读者服务部　（010）66070833，62568380
邮编　100071
经销　新华书店
印刷　北京松源印刷有限公司
尺寸　169 毫米 ×239 毫米
印张　10
字数　89 千
版次　2011 年 5 月第 1 版
印次　2014 年 11 月第 4 次印刷
定价　23.00 元
ISBN 978 - 7 - 5049 - 5907 - 2/F.5467
如出现印装错误本社负责调换　联系电话（010）63263947

立金银行培训教材编写委员会

主　　编：陈立金

副 主 编：云晓晨　马翠微

编写成员：索　利　张的用　赵　辉
　　　　　白　彭　江建伟　唐　娜
　　　　　李　丹　严　硕　翟　丽

目 录

第一课

有一颗旺盛的进取心

第一编

第一章 人员招聘与配置

客户经理第一必须具备的素质就是有雄心壮志。进入银行的第一天就告诉自己，一定要做到最好。没有旺盛的进取心根本成不了优秀的客户经理。只希望过平庸的生活，满足现状的人成不了优秀的客户经理。

　　客户经理要全身心投入到工作中，业绩与拜访量是成正比的，要尽可能地多拉客户。

　　销售量与拜访量成正比。销售就是要制造与客户面对面、肩并肩接触的机会，以便把商品或服务介绍给客户。要主动走出去，联系客户听听他们在说什么，在想什么，在做什么。多与客户沟通，让客户认同我们，接受我们，愿意和我们做生意。呆在家里，是不会卖出任何产品的。把自己当成商人，尽最大努力增加你的客户。

　　尽量把时间花在事业上。一天保证十二小时，一星期保证六天是最低要求。一天保证十四小时到十八小时属于正常。一星期工作七天是最好，我们必须牺牲社会上的娱乐和家庭琐事，直到事业站稳为止。

　　做客户经理注定要高速运转，不能停下来，这是竞争之使然。既然已经身在江湖，与其像无名小卒一样落寞，不如立志在刀光剑影中成为一流高手，冲出一片天地。

　　笔者的人生经历可资借鉴：大学毕业后，分配在国家机关工作。每到周五的时候，单位都会分鸡蛋，每个人都认真地挑，选大个的，然后高高兴兴地挂在自行车上回家。我实在忍受不了每日看看报纸、喝喝茶的清闲生活，尤其是工资过低。在国家机关单位工作的一年中，我落落寡欢，一个人形影相吊，孑然一身，我很清楚，现在是这样，在这里工作20年后，还会是这样。西方探险家约瑟夫·洛克说，我宁愿死在香格里拉的花丛中。多美啊！而我呢，宁愿死在川流不息的车流中，也不愿死在这砖头水泥的碉堡里。

我想过一种激动人心的生活，机关肯定不适合我。工作一年后，我毫不犹豫地缴纳了大额的违约金，辞职了，终于进入了川流不息的车流中。应聘进入银行后，我不想坐在办公室里，就主动请缨，要做客户经理。从坐政府机关的干部变成了骑着自行车的银行客户经理，我失去了稳定的工作，却拥有了自由。虽然非常辛苦，但是我每天都在笑着。到今天，我都庆幸正是当年义无反顾的决定，才让自己获得了今天的成就，并拥有了光明的前程。今天，庞大的资产都是我用自己的勤奋创造的。天道酬勤，勤奋才能取得优异的业绩，我没有理由不勤奋。

做客户经理的经历让我刻骨铭心。比如，喜欢交换名片。看见别人交换名片，我就有一种冲动，想掏出自己的名片。喜欢听数字。喜欢听日均、时点这两个概念。

我出生在一个经济困难的家庭，兄妹三人，小时候，家里不富裕，平时吃的很简单，年三十的晚上，家里做一桌子菜，晚上十二点还有饺子，算是改善生活。结婚后，我和妻子就两个人，平时生活应该算很好了。可是，到了

年三十晚上，我还是要求妻子做一桌子菜，吃年夜饭，我和妻子还包饺子。虽然根本吃不了，但是我认为，日均重要，时点也很重要。

既然做了客户经理，就一直拉存款，让自己喜欢上数字游戏，就如同穿上红舞鞋，只要在台上，就一直跳到死。客户经理也需疯狂。

力争做客户经理中的皇帝。

客户经理要想做好公司业务就必须有血性，喜欢血腥，要像鲨鱼一样，有高度的敏感性，喜欢拉存款。哪里有存款，就会毫不犹豫地冲到哪里。

立志演绎自己的传奇故事。

既然来到这个世界，就要有自己的梦想，就要打拼出一片天地，成就一番事业。每天你要对着自己大喊："我要演绎自己的人生传奇。"一个人不会苦死，不怕累死，只怕窝囊死。客户经理应该变得很贪婪，一心想建功立业，要有进取心，希望成为强者。

在商业银行，我们每个人有了业绩就有了一切。既然做了客户经理，就一定要做最好的。人不能没有野心。没有野心，就激发不起自己的欲望，就不会有劲；没有劲，潜力就挖掘不出来。银行客户经理需要野心，必须时刻准备冲锋，使尽浑身招数去力争上游。记住，在银行江湖混这么多年，人总得当回老大，不能总是畏畏缩缩的。

这世界最宽广的是大海，比大海更宽广的是天空，比天空更宽广的是客户经理远大的志向。

各位应当庆幸自己在这个时代成为商业银行的客户经理。生活在中国这个最伟大的时代，经济发展锐不可当，奔涌向前。历史上没有任何一个时代像今天的中国经济这样活跃，今天，中国的银行业给了我们这么多的机会。"江山如此多娇，引无数英雄竞折腰。"银行人士可以在中国最广阔的舞台上施展自己的才华，分享中国经济快速稳健增长的成果，为个人建功立业提供更多的机会和条件。

中国进入了飞速发展的时代，以往白手起家成为一名富翁需要打拼一辈子，工薪族成为富翁就是一项不可能完成的任务。现在时代变了，尤其是在银行，你可以不是银行高管，但是只要具备勤奋的禀性和灵活的头脑就足以让你成为一名优秀的银行客户经理，你同样可以赢尽天下，赚得高于众人的收入。

我相信，在中国任何一家考核机制到位的银行，你如果拉3亿元存款，挣得应该和分行行长一样多吧，甚至还能超过分行行长的收入，还不用操那么多心。有人跟我说，老师，3亿元存款多难拉啊。如果你想赚钱、想出人头地，又嫌累，对不起，你不适合做客户经理，甚至不适合在银行干，懒人在哪里都挣不到大钱。

如果你拉的存款真达到3亿元，再有一些管理能力，不提拔你才怪呢。到那时就会有无数银行把你当成了香饽饽，想挖墙角。在中国业绩出色肯定会得到提拔，那是早晚的事。

如果你就想快快乐乐地生活，不想应付存款、人事、安保这些无穷的杂事，不想像行长那样每天应付干不完的各项指标，应付开不完的各种会议，应付数不完的各类检查，应付喝不完的各种酒局，不想像他们那样操碎了心，不想三十岁的人，五十岁的肝，不想个人折旧提的太快，干脆做个快快乐乐的客户经理好了，开着宝马到处兜风多爽。

成为优秀客户经理的第一素质是旺盛的进取心，且一直在熊熊燃烧，永远不会熄灭。支撑自己去打天下。

第二课

都去抢着做客户经理

如果你现在在银行工作，恭喜你，你选择了一个正确的行业。

如果你在银行从事信贷客户经理工作，恭喜你，你不仅选择了一个正确的行业，同时也选择了一个相当正确的职业。

在一个正确的时间，做一件正确的事情，人生实在难得。俗话说，男怕入错行，女怕嫁错郎。银行人士最应该选择的岗位就是做客户经理。这是一个实现个人抱负的职业，这是一个可以让你终身不再受贫苦困扰的职业，这是一个不分出身，凭本事赚钱的职业。

人这一辈子，"做正确的事情"比"把事情做正确"重要得多。通过拉存款业务是给很多出身贫寒的银行人士一个晋升的梯子。在银行工作没必要抱怨，如果你想挣到钱，如果你想很快脱颖而出，全靠取得的惊人业绩。

去年同学聚会，感慨万千。大学刚毕业的时候，爱学习、成绩最好的人进入各大银行总行；成绩再好一点的人进入省分行；上大学就知道喝酒、抽烟、成绩较差的人进入支行做客户经理。多年过去了，随着时间的积累，大家出现了明显的分水岭。在总行、省分行的仍然很好，但是也挣不了大钱。平时成绩差、在支行干的，不少已经是股份制银行的支行行长，都是开着宝马、奔驰来聚会。现在银行的考核制度向一线倾斜，绝对向业绩倾斜，只要你业绩惊人，你可能赚的比行长还多。

"王侯将相，宁有种乎。"抓住这个时代的机会，这个时代相信实力，相信业绩，不相信出身，不相信文凭。

人生可能真的就像一场戏，剧情起起伏伏。三十年河东，三十年河西。成绩好的坐机关，成绩差的干银行的"苦力"。殊不知，银行的考核是向干苦力的倾斜，银行资金充足，你有本事就来赚。

在银行，有了业绩会给你整个世界，乃至给别人的也抢夺过来都给了你。

这个时代，靠业绩说话，在商业银行，游戏规则很简单、很公平。有业绩就能赚大钱，就能被提拔。早十年，考核机制不行，能拉存款也挣不着什么钱，也不会被提拔，大锅饭太厉害；再往后推十年，会怎么样，我不知道，抓住现在就是好汉。不用想什么歪门邪道。你不需要有显赫的家族背景，你不需要告诉别人你毕业于某王牌高校，哪怕是哈佛大学。你出身于哪里，你是谁都不重要，关键是你能做什么。现在我认识的相当多的银行高管都是出身贫寒之家，都在演绎"丑小鸭"变"白天鹅"的神话。

如果你能拉存款，无数的银行会给你机会，哪家银行都不敢耽误你。

感谢这个时代考核存款，每家银行都在考核存款，大家都在拼命拉存款。存款给了大家施展才华的舞台。

我到现在都庆幸，自己在大学毕业一年后坚决从国家机关辞职到了银行，这是我今生做的最正确的事。人生的

转变就是不到10个决策决定的，10个决策做对了7个，你就会相当成功。在不同阶段，每个人都会走到人生的十字路口，需要你作选择。选择一条更艰辛的道路，意味着人生可能要重新再上一个台阶，人生向上走的过程实际上就如同举重运动员不断给自己加码的过程。

中国各家银行给了客户经理最激动人心的考核，想想，反正都是一辈子在银行工作，都是工作30年，与其挣一份死工资，每天的时间还被牢牢地卡死在那里，真不如闯一把、搏一下，可能一个月挣1万元，很多银行的激励制度更刺激，上不封顶。当时进入银行，我一刻都没有犹豫，人事部在征求我意见的时候，我就选择去做客户经理，就去拉存款。道理很简单，我想挣大钱。

直到今天，我都庆幸当初做了一个正确的决定，今天的房子和车子都是业绩给的，我通过自己不懈的努力成为了业绩之王。

直到今天，回首往事，我都很开心，客户经理的生活真的很开心，虽然其中也有一些小小的波澜、苦涩，我喜欢闯荡江湖、纵横四海的感觉。

抢着去做一个快乐的客户经理吧！

给大家介绍两个优秀银行客户经理的成长历程。

一个是四川男孩的成长。我的培训生涯与这个客户经理有关。我还记得，一个四川男孩刚刚进入银行不久，很执著，家里很贫寒，头脑很灵活。我当时写了一篇如何拉存款的文章，写得很生动、很具体。他找到我，提出希望我教他如何拉存款。我问他为什么不去做柜台经理，他回答是想多赚钱，穷怕了。我非常喜欢这种能吃苦又肯动脑筋的男孩。经过一年多的培训，男孩很快有了收获。春节，他高高兴兴的请我吃饭，居然跟我说，买了两套房产，还买了车。拉来存款大约2亿元，年纪轻轻就是支行的行长了。我真的喜欢银行这种游戏规则，以"存款论英雄"、以"数字说话"，"王侯将相，宁有种乎"。当时我很吃惊，原来培训能造就出一个这么有成就的客户经理。从此，我就做了培训讲师，生活得很快乐。更神奇的是，我在投资一套房产的时候，居然还是他帮我的忙，要了一套小户型。男孩已经成长为成功男士，有了强大的经济基础真的很好，可以让人充满气质，充满自信。

一个女会计的野蛮成长。我接触了这样一个股份制银行的女孩，毕业没几年，很有闯劲，分配在会计岗，但是很想尝试客户经理工作。很有做客户经理的天赋，想从事客户经理的工作，但又担心压力太大，自己承担不了。我就跟她说，先别离开会计岗，边做内勤边尝试沟通信贷客户。留心本行没有计入外勤名下的中小客户，选中那些有潜力的客户，记住电话号码。每天中午打电话，问是否有办理其他业务的需要。只要开了新账户，存款就算自己的了，最好将日常结算账户内的资金转成全额保证金的银行承兑汇票或保函等，这样在做内勤的同时，逐渐熟悉了银行信贷业务，同时，有了一定的客户基础，很自然就转成了客户经理。

　　会计人员担任客户经理具备天然的优势。首先，对公会计担任客户经理，接触的客户最多，而且大多数情况下接触的是客户的财务人员。很清楚哪些客户业务频繁，资金量大，哪些客户有资金潜力。尤其是经常将资金小批量划往同名异行账户的客户更要注意，肯定是在他行做低风险业务。需要重点盯住工程施工企业，营销全额保证金银行保函——投标保函、履约保函；盯住经销商，比如小家电、小机械设备、汽车经销商，营销全额保证金银行承兑汇票；盯住发廊、小餐馆等，营销7天通知存款。要求支行给自己印制5盒名片，选中一些明显有资金潜力的客户，主动递送名片，记住客户经办人的电话号码。

其次，对私储蓄人员，接触有钱人的自然最多，盯住账户资金运动量较大的，明显超出一般人的富裕人，有意识地留心这些客户，营销7天通知存款等工具，肯定非常有效。

我喜欢做客户经理的另一个原因在于，我们每天都在与成功人士打交道，会让你的眼界更宽，看得更长远，不再会为一些眼前小利所困惑。在做客户经理的时候，我接触过黄光裕、俞敏洪、冯仑，他们都属于出名的富豪，还有一些不出名的富豪，他们都和我们一样出身草根，但就是凭借着自己不屈的奋斗精神，赢得了庞大的财富，想一想我们自己，真的需要自强不息。

我培训出的学员都非常富有。最早一批的学员都在开奥迪、宝马，趁着年轻，享受生活。同样生活在地球上，别人有的，我们必须有。

走出门就会有客户，在银行里发呆什么都不会来。业绩肯定与你的拜访量成正比。

如果你在银行，还有什么犹豫的，赶紧去做客户经理吧！

第三课

没有什么可怕的

年轻客户经理遇到的最大问题就是恐惧。怕联系客户，怕被客户拒绝。其实，不必有任何恐惧感，我就是一个活生生的例子，客户没有我们想象的那么凶，其实客户非常需要我们。

出门就会有客户，客户非常需要我们，客户经理一定要抛弃所有的畏惧心理。

我们是客户最需要的人，相信我们能够点石成金，我们能够化腐朽为神奇，我们是客户最需要的人。

我刚做客户经理的时候也曾经胆怯过，但是，只要你勇敢的联系客户，成功搞定了第一个客户，从此你就会彻底抛弃害怕。

我还记得成功营销的第一个客户，我怯生生地打了电话过去，客户问我，"你们那能够办理银行承兑汇票吗"？"噢，我们有银行承兑汇票。"

后来，我认真学习了银行承兑汇票的操作技能，很快给对方成功申报了银行承兑汇票额度，存款很快就快速飞涨。客户讨厌的是不懂业务的客户经理，如果你到了客户那里，不能给客户带来任何的帮助，而一心就想着自己的存款，这是最令人反感的。

我后来总结，客户并不反感银行，并不讨厌客户经理，因为客户经理可以帮助他们解决很多问题。这个世界上，没有一个客户不需要在银行开户的，不需要银行提供服务的。难道钱都以现金方式存在自己的地窖里？如果你能准确抓住客户的需求，而且自己又非常精通客户需要的银行产品，那么每个客户都会欢迎你。

我曾经代表总行与某客户谈合作，这位客户是珠海当地的强势客户。见了客户的财务总监后，对方还算客气："我们现在非常好，现有的银行完全能够满足我们，我们不需要新的银行"。一副拒人于千里之外的样子。在财务总监这里碰壁后，我思考本次营销的方向可能不对，客户的存款量这么大，财务部是各家银行的宠儿，单纯吸收存款的营销思路肯定不对。银行营销主攻点应当选择在销售部门，这个地方最薄弱，很容易攻进去。

我们主动与该客户的销售总监联系，提出了保兑仓的思路，让客户认为我们不是来拉存款的，而是来帮助他们销售家电的。该客户将全国的总代理介绍给我们，我们给各地的总代理签发银行承兑汇票，客户提供回购担保。销售网络很快组建起来，客户给我们提供了惊人的存款。

再后来，我们与客户接触的时候，客户变得非常客气，主动请我们吃饭。这就是营销切入点不同的结果，我们帮助客户扩大了销售量，能够给客户带来他们最关心的利益，能够给客户带来价值，所以客户会看重我们。

我们要把自己变成一个对客户有用的人，就必须像医院的大夫一样，能给客户把脉，客户生的是什么病，你能准确开出药方。

这个世界很功利，你帮助客户解决了他们关心的问

题，他会给你十倍的回报，存款自然会滚滚而来，只知道一味地吸收存款而不讲究方法，欲速则不达。

年轻的客户经理不要心存任何的害怕、恐惧，我们有银行做后盾。银行是经营信贷的，信贷对客户而言就是做生意的本钱，就是做生意的资本。资本越大，就可以做越大的生意。我们可以帮助客户扩大做生意的规模，帮助客户赚更多的钱。就接触客户而言，我更喜欢接触民营企业家。同样出身草根，同样在顽强地演绎着自己的人生。一些民营企业家的创业故事每每听来，都让我热血沸腾，让自己半夜起来，闻鸡起舞，"书生报国无他物，唯有手中笔如刀"。

所以到现在，我跟许多民营企业家保持了极好的友谊。

我在做客户经理的时候，为很多民营企业家提供过信贷，为这些企业的成长提供了支持。

1994年的时候，冯仑还是到处找钱的人，赶上了中国最好的经济时代，能在中国房地产最黑暗的时候挺住。很好地利用了银行的信贷，不断撬动房地产开发，在房地产价格暴涨的北京，赚得了巨大财富。后来我想，可能冯先生当年连1000万元都没有，可就是敢贷款1亿元开发房地产，房地产价格暴涨，开发时投资1亿元的项目在销售的时候能卖3亿元，这样利润率就是3倍，而银行的利息才不到7％。

冯先生是我们点石成金的另一个杰出代表。

再想想俞敏洪，1995年参加新东方英语培训班的时候，俞敏洪自己声嘶力竭地上课，当时，俞敏洪最喜欢谈自己的理想，什么一定要把新东方办成中国最好的英语学校，我们听了，没什么表情。而现在，新东方已经上市，俞敏洪成了中国最富裕的教师。

十年时间不长，弹指一挥间，已经天上人间的区别了。想想俞敏洪的过去和今天，恍如隔世。

银行客户经理就是点石成金的魔术师，扶持起多少企业，很多人由从前不名一文，到现在富甲一方。

在银行拓展信贷业务，需要很好的人脉资源。一句话，就是认识的人头多，尤其是管资金的人头多。客户经理就是与人打交道的行业，一旦选择做客户经理，就应拼命积累人脉，寻找一切机会培育人脉。利用在银行工作的关系，为自己培养人脉，这些人脉可以保证你终身受益。

成为优秀的客户经理必须要将大量的时间和精力重点投向资金量较大的行业，比如钢铁、汽车、石油、政府等。时间、精力投在哪里，哪里就会有收获。

强大的人脉保证很多人会给你的业务提供机会，熟悉银行产品是将机会变成果实的前提。

强大的人脉对个人也有好处，能提高你的办事能力。比如，客户经理接触大量的客户，各行各业都有，大学、医院、汽车经销商等，通过身后的人脉关系很多事情都可以搞定。

培养人脉是一个很辛苦的活，需要你积极与人家联络感情。比如，经常去客户那里了解一下情况，主动帮助客户解决一些问题。经常和客户组织一些联谊活动等。培养人脉切忌只拉拢企业的高层，与客户相处最重要的就是真诚，让客户感觉到与你相处很舒服，没有什么功利色彩，做人做明白了，事自然就做成了。

我认识的很多客户现在还保持联系，成为了很好的朋友。经常在一起聊聊股票、聊聊房地产，很长见识。通过聊天对中国经济有了初步的把握。

第四课

根据营销需要来学习产品

参加银行工作后，要进行功利性的学习，根据客户的需要来学习产品，哪些最有利于营销，就先学习哪些产品。

　　积土成山，风雨兴焉；积水成渊，蛟龙生焉。

　　上大学时，重学习基本功，学得很杂，很多都是基础知识，比如化学、物理、语文等。参加银行工作后学习应当功利色彩十足。我的学习方法非常功利，客户需要什么，我就学习什么，客户迫切需要什么，我就投入自己的全部精力去搞懂什么。我自己就是一支部队，给自己配备最需要的装备，去攻占最可能搞定的山头。攻占山头需要迫击炮，我就去学习迫击炮的使用方法；需要爬山，我就去学习爬山。

　　银行产品实在太多了，有些结构复杂，要想搞清楚，必须投入很大的精力。而像授信等产品，如果没有实践经验，很难彻底理解。因此，我要求自己在学习产品方面绝对聚焦。

　　银行客户经理最应该学习的产品就是授信产品，首先应配置约90%的时间和精力认真学习授信业务，学习如何拉来存款。我的经历让我更加清楚地认识到银行授信产品的重要性，为了熟悉银行授信产品，我干脆将本行的授信产品制度全部复印下来，搞了一本授信产品制度合集，放在自己的包里。只要有工夫，我就翻看，无论是在地铁里，还是在吃饭的间隙，甚至在等客户时，都抓紧学习。

在学习中我掌握了一个顺序：急用急学，缓用慢学。首先学习最经常用到的产品，例如，敞口银行承兑汇票，然后是银行承兑汇票贴现，对于复杂的固定资产贷款、项目融资等，由于使用到的机会很少，我基本没有放到最前面来学习。

首先通过最有效的产品解决吃饭的问题，然后再慢慢学习其他的银行产品。

当然，绝对不是说只让大家学习授信产品，其他产品就不学习了。作为一个过来人的肺腑之言，我认为首先应该学习授信产品，精通授信产品后，再把时间和精力配备给其他产品。

建议各位准备好本行重点产品制度，装订成一个册子。每天利用一切时间学习业务，每天开会之前，等飞机前、等客户会面前，只要有空余时间就学习。基础银行理论知道一些即可。在没进银行前，应当认真熟悉银行基础知识，一旦进入银行，一切的学习活动就应围绕存款进行。

我很喜欢新东方的培训方法，你无须知道复杂的英语基础知识，什么英语语法、英语结构等，进去就教你怎样过托福，考出高分。我喜欢这种培训方式，现在我的培训也在沿袭这条思路。告诉你哪些行业客户资金量较大，通过哪种方法可以拉来存款就行了。至于银行复杂的流动性头寸管理、银行资本充足率管理、银行风险决策理论、银

边学产品边营销

行产品基础属性、设计原则等，你无须知道。有总行、分行知道就够了。无论你是学什么专业出身，无论你出身于哪行，只要你头脑灵光，肯吃苦，我都能把你培养成一名王牌客户经理。就如同战士一样，我告诉你如何拿下这个山头就行了，至于拿下这个山头的战略意义我们不去管它。

我建议你认真学习本行及同业的先进产品营销思路，成功客户业务案例，仔细揣摩其中使用的银行产品，客户营销的思路。要采取案例式的学习，掌握其中的精髓，积极复制到其他同类客户。比如，其他银行成功使用票据产品服务了某钢铁经销商，你直接复制即可。

全新的开发学习周期很长，成本极高。

　　建议各位客户经理下班后，如果没有陪同客户吃饭的工作，回去多看书，多学习，不要看电视，除了经济新闻。每天至少要看两小时的书，一个人的命运如何，就决定于晚上八点到十点的时间。

　　在战争中学会战争，在营销过程中学习产品、理解产品、感悟产品。

　　现在银行产品纷繁复杂，银行客户经理的全面培养也绝非一日之功。银行信贷工作是实践性较强的工作，需要在工作中不断加深理解，领悟信贷的精髓。边抢地盘，边练内功。毛主席说过："在战争中学习战争。"我对所有的银行客户经理提一个建议，在营销客户的过程中学习授信产品，在撰写授信调查报告的过程中学会财务分析，在与客户打交道的过程中学会如何做人。

　　摘录一首陆游的《冬夜读书示子聿》与大家共勉：古人学问无遗力，少壮工夫老始成。纸上得来终觉浅，绝知此事要躬行。

　　我现在记得很清楚，我们给某客户提供银行承兑汇票，当时是本行的第一笔全额保证金银行承兑汇票，客户提出的这个需求，我们以前根本不熟悉，先接下这个单子。然后赶紧翻看银行的业务制度，一边看办法，一边开银行承兑汇票。虽然开票时间较长，整整用了一下午的时间，最终还是成功开出了银行承兑汇票，客户感觉很满意，当时没有几家银行敢承接这些业务。我们就是利用这个机会，熟悉了票据业务。从此，本行票据业务的签发量一直处于前列。

所以说不积跬步，无以至千里；不积小流，无以成江海。

不管你是否掌握了银行授信产品，只要客户提出了这方面的要求，都要去满足。一个年轻的客户经理不熟悉银行业务很正常，但是，你必须尽快学习掌握业务技能，在尽可能短的时间内提升自己。

抱着书本学习银行产品，你是学不会的。只有在办理业务的过程中学习，才是最有效的方法。

在银行工作的时候，我的人缘很好，别人服务的客户，我都愿意帮忙设计金融服务方案，如果这个客户使用了最新的产品，我更是兴奋不已，主动帮助撰写报告，主动陪同拜访客户，了解客户办理这笔业务的背景。支行的人大都很喜欢我，因为，每个人都不愿意写报告，不愿意设计授信方案，而且也不愿意给别人做贷款的辅办。我不然，我认为这都是学习银行业务的黄金机会，尤其是可以直接接触到第一手资料和客户的真实反映，这是最难得的。

我通过主动帮助别人获得了免费的实习机会。大家想一想，如果你去一个陌生的客户那里，他会告诉你他需要什么吗？如同医生做手术一样，病人就在眼前，他给你提供练习做手术机会，你还不赶紧感谢人家？增长的技能全部在我们身上，别人偷不走、抢不去。而我们谋生靠什么？还不是一身本领吗？

甭管练没练成，赶紧"跑马圈地"吧。"跑马圈地"比练内功更重要，一旦发现机会，就应立即去拓展营销，哪怕不熟悉银行产品，也要跟跟跄跄地使用，在使用中学习产品，掌握产品。毛主席说过："在战争中学习战争。"现在竞争这么激烈，等内功全部练成了，黄花菜也凉了。

第五课

方法比勤奋更重要

我的经历可以证明方法的重要性，我是个高考复读生。第一年很勤奋，高考成绩却不好。我母亲很要强，给我找了一个当地很有名气的复读班，经过一年复读，第二年我考取了中国金融学院。人还是原来的人，只是学习方法变了，就取得了明显的效果。

我刚进入银行工作的时候，也认为拉存款很难，头疼的不得了。后来，在成功使用授信产品后，存款很快就快速飞涨，达到1亿多元，行里给我配备了手机，还分了房子。而和我同批进入银行的同事，还在存款及格线上苦苦挣扎。

经过总结，我认为拉存款其实并不难，关键是方法要得当。你必须认真研究客户，研究银行产品，掌握一定的技巧方法，再加上一张真诚的脸，这样肯定能够成功。成功客户经理的方法不外有二：

　　其一，找准资金量较大的客户群体，这类客户群体一定是资金密集型的行业。后来，为了指导自己的营销，我们专门绘制了一份存款地图，指导自己的营销，存款地图以外的客户，我一般不去营销。

　　选择资金充裕的行业，这样才能搞定存款。客户可以是小客户，但是资金量必须很充裕。如同中国第一批下海的人，都选择广州、深圳、北京，而且很多都选择房地产行业，因为这些地区资金量惊人，房地产行业绝对是资金密集型行业，容易赚到大钱。向有钱人靠拢，你就可以赚到钱。

　　我将自己营销时候寻找客户的地图提供给大家，我自己称为存款地图。

存款地图

交通行业　汽车/工程机械/客车/航空/铁路/公路/船舶/港口/轻轨

汽车零部件、汽车厂商、工程机械车厂商、客车厂商、汽车经销商、工程机械经销商、客车经销商、公交、出租公司、港口机械、港口、运输、海运、造船、公路养护、公路、动力设备、飞机维修、航空公司、机场、飞机制造、铁路机车、铁路施工、铁路设备、铁路局、轻轨运营公司

钢铁有色　钢铁/有色金属/不锈钢/矿业

钢厂、钢铁经销商、铁矿石贸易商、焦炭、有色金属、不锈钢、矿业、钢构

能源 石油/煤炭/电力/燃气

石油开采、石油炼化、成品油批发、化工、煤矿机械、煤矿、煤炭经销商、焦炭经销商、电力设备、电力建设、电力工程电厂、电网、燃气、石油气、燃料油经销商

房地产政府 开发商/土地储备中心/城投

商业地产商、酒店、写字楼、商场、住宅开发商、土地储备中心、园区、城投、政府、专业市场、住房担保

大学、医院、制药、药品经销商、医疗器械、家电制造、家电经销商、建材、水泥厂、水泥经销商、施工、设计院、电梯、监理、造纸、报纸、电台、出版社、服装厂、服装代理商、电信运营、电信设备、化肥厂、化肥经销、橡胶、轮胎厂、轮胎经销、超市、商场、烟厂、食品厂、食品经销商、酒厂、酒经销商、矿泉水、电脑、农资、粮食、职业学院、农用机械

其二，要非常精通授信产品，对各行业使用的授信产品，最好有模式化的金融服务方案。

这个世界，比我勤奋的客户经理比比皆是，比我有关系的客户经理更是数不胜数，但是，像我一样肯动脑筋，懂得使用产品的客户经理很少。我非常清楚自己主攻的山头在哪里，我也知道该如何攻下山头，这就是我成功的地方。

关心并解决客户的需要，你才有存在的价值。银行首先必须满足客户的需要，对客户而言才有存在的价值。在纷繁复杂的银行产品中，客户最需要的是银行信贷产品，它可以扩大客户的经营能力。正确地使用银行信贷工具，可以在满足客户需要的同时，实现银行吸收存款、获取收益的目标，单纯地拉存款太困难了。

以往，我去客户那里最喜欢说的就是，希望客户能够在我们银行开立账户，办理存款业务。现在我去拜访客户时，首先会先了解客户的基本经营情况，按照客户的实际情况，设计客户可能需要的银行服务方案，以满足客户的需求。

我还记得与某客户的一段合作经历。在翻看《北京晨报》的时候，无意中发现了这家客户的广告，上面有联系电话，于是马上打过去。一位姓孙的女士接到电话后，要我联系公司黄总。就这样，便开始了与这家客户的合作，客户需要银行承兑汇票，我需要存款，一拍即合，谈判非常顺利。为客户开立银行承兑汇票，我们要求一定比例的保证金，其余部分敞口，6个月的银行承兑汇票，客户一般在一个月就填满全部敞口，重新开立银行承兑汇票，一定票据额度可以撬动3倍左右的存款，实在太好了。客户感到满意，票据可以满足其不断扩大的经营需要，我也很高兴，存款天天都在上涨。直到今天，我还非常感谢这家客户，我在银行工作期间，大部分存款都是这家客户的。

我知道，客户愿意与我接触并不是我个人有什么过人之处，客户看重的其实不是我本人，而是我背后的银行，我个人的价值依托银行而存在，而银行的价值在于其经营信贷的天然优势。

　　营销客户要速战速决。在业务拓展中，我是一个速战论者，要求自己速战速决，孙子兵法云，"兵贵胜，不贵久"，"以战养战，胜敌而益强"。选中最简单的客户，应当迅速搞定、速战速决。一是给自己打气、壮军威；二是有了客户就有了收入，收入是自己下一步拓展的本钱。

　　首先要搞定最容易的客户是指最符合本行信贷政策规定的客户，然后是经营情况稍差的客户，要坚决放弃明显不可为的客户。

在做客户经理的时候，我从来不会去营销一些超级垄断客户，这超出了我的能力范围。我选择客户的标准很简单，一是很容易取得成功，二是审批通过的几率很大。不符合这两条规定的客户，根本不会去营销。

在银行，我建议客户经理对银行授信产品排出优先顺序。

低风险的全额保证金银行承兑汇票、全额保证金保函、委托贷款、票据贴现、工程机械车按揭为第一层次，客户经理要非常熟悉产品的定价规则和使用技巧，尤其要知道向哪类客户营销。要有很快的业务办理速度，通常能够在2天之内完成一笔业务。

流动资金贷款、法人账户透支、敞口保函为第二层次，客户经理必须掌握基本的操作要点，本行的信贷政策取向等。通常这些融资操作相对复杂些，需要撰写较长的信贷调查报告，耗费较长的时间。

固定资产贷款、长期项目贷款、飞机融资、融资租赁等属于第三层次，要求客户经理基本熟悉本行的信贷规定，通常这些业务非常复杂，需要较为专业的人员，同时投入大量的时间精力，不是特别理想、特别有综合贡献度的客户不要轻易操作。

发展客户就如同"打麻将胡牌"，"小屁胡"不见得就比不过"胡大牌"，关键是总有"小屁胡"。我大学时代的统计，一晚总"小屁胡"的成绩总额远远超过了

"胡大牌"的。当然，时机到了，天时（大客户有信贷需求）、地利（本行能够供给大额贷款）、人和（客户经理业务素质提升）都具备了，也不是不可以做一回大客户，我们毕竟需要大客户的爆发力嘛。

其实，在银行做久了，就会有感觉。大客户议价能力太强，贷款基准动辄下浮到水底了，按照现在银行的资本利润率考核，客户经理在大客户身上赚不了多少钱，有时，还需要倒贴，不断请客吃饭，银行对小客户不说漫天要价吧，也可以做把小黄世仁，价格定得高高的。而且，客户过节什么的，还得请你吃饭，与你拉近感情，真正找到改革开放前银行白领的感觉。

我总结，大客户属于皇帝的女儿，你喜欢，很多人也喜欢，不一定属于你，你不要轻易地追求，难度太大；一些有资金量的中小经销商客户，他喜欢你，这样的客户更可靠，营销难度较小。

第六课

让客户把你当成知己

让客户把你当成知己，愿意同你深度交往。建议每个银行客户经理认真研究一下赵本山的成功轨迹。

为什么赵本山能红。

很多人都奇怪，赵本山这个土的掉渣的人能红，出身草根，穷的曾经养不了自己，而现在红遍大江南北。每年春节联欢晚会的压轴戏都是他，没有他，央视春晚都不知道怎么办了。而且，每年的央视春晚彩排，只有他有独立休息间。在沈阳，赵本山一出来，都是本山车队跟随，赵本山的身价已经超过10亿元。赵本山小品"卖拐"、"卖车"、"忽悠"红遍大江南北。

大家为什么喜欢赵本山，因为他接地气，因为他做人很真诚，小品如人生，我们从他的小品中能感受到真正的人生，分享到快乐。

一个成功的客户经理同样应该具备这样的素质：一个掏心窝子的人，加上适度的人际感情技巧，如果还能有点幽默，你将取得巨大成功。所以要真正用心关心你的客户，用心与你的客户相处。

我喜欢赵本山、小沈阳，在大都市生活得很辛苦，我不需要什么说教，奋发图强、报效国家——我都在身体力行。太高雅的东西太累，我希望活得轻松些。赵本山、小沈阳，以及现在的《武林外传》迎合了这个时代的需求。

与你的客户要真心接触，要成为像客户一样的人，让客户跟你在一起感觉很舒服，愿意同你交往。一个文质彬彬，过于讲理智的人，往往建立很高的人脉壁垒，很难与客户打交道。

在中国，"七分的业务+三分的感情"，单纯做业务不行，客户会给你足够的回报，但不圆满；单纯讲感情，也不行，没有业务的支撑感情维系不了太久。如果在做业务的过程中，还能渗透一些感情的因素，你和客户的关系就如同钢铁长城一样稳固。在关键的时候，要存款有存款。客户也会把你当成朋友，在你最困难的时候，出手相助。

我就是这样的一个客户经理，在客户那里，我从来不会耍什么计谋。我用真心与客户相处，从内心里关心客户，对待客户就如同自己的亲人一样。客户遇到不开心的事情，可以找我聊聊，解解闷儿；我是客户的兄弟，是客户可以交心的人，客户遇到高兴的事情，我们一起痛饮，不醉不归。

要让客户感受到，你真的很在乎他们，你就是他们的亲人。在客户面前，我是一个透明的人，没有心机和城府。

一次，一个被外地总公司派驻到北京的客户生病了，我赶紧赶到医院，帮助他办理完入院手续后，又和他聊聊天，帮他排解心中的苦闷。我非常清楚，自己是外地来北京的人，也曾经生过病，深切体会过其中的痛苦，将心比心，我理解客户此时的感受，一个人在异地他乡的苦闷。

和客户相处，需要抛开功和利，不要想从客户那里得到什么，只需要用真心去相处。办理一两笔业务，你只能得到一两笔的存款，如果用真诚赢得客户的心，你会得到客户所能提供的一切。

与客户合作，业务就如同钢筋、砖瓦，支撑起了合作关系大厦的骨架，而感情就如同水泥混凝土，一旦混凝土浇筑进入大厦的骨架里，大厦将变得牢不可摧，你和客户的关系就如同永不倒的钢铁长城！

在银行也经常出现这样的例子，一些没有显赫的大学背景、出身于基层，甚至是半路出家的员工现在都成了支行行长，而且存款量惊人，很多人成为"草根行长"。而一些自认为出身名校的员工却只能当客户经理，坐柜台。原因很简单，我们这些行长就是能放下身段，不把自己当成白领，不把自己当成银行行长，和客户就是兄弟，能真正贴近客户。让客户感觉到跟你呆在一起很舒服。在为一家银行做培训时，一个客户经理问我，"我是哈佛毕业的，我们是国际一流的银行，可以提供最好的银行现金服务，××公司为什么不在我这里存款"？我告诉他，见了客户别动不动就说这些，你是谁，客户根本不感兴趣，你能为客户提供什么有用的东西才最重要。

在银行工作，你要用金领的标准要求自己，用白领的收入安慰自己，用蓝领的强度训练自己。

第七课

不要酒精，
要绿色存款

做客户经理要能适度地喝一些酒。

酒是个好东西，在饭桌上的作用很独特。再丰盛的一桌菜，如果没有酒，总觉得缺点什么。在我们中国，有三千年的酒文化，中国人在酒精中升华友谊。

我做客户经理的时候，虽然自己不爱喝酒，但我还是主动练习了喝酒。虽然我认为，喝酒得来的业务不会长久，真正能够长久的是业务带来的存款。酒肉朋友最靠不住，不要相信酒后的承诺，它就像要倒的墙一样靠不住。但是，中国人讲究酒桌上的感情，行内行外的友谊有时候都需要酒精，我们不能脱离中国的这个国情。我们都是鱼儿，只能适应水的环境，换了水，就可能无法存活。

北京国美电器、北京京奥港、新东方都是不需要喝酒的，这些客户的合作还非常稳定，全部是靠银行承兑汇票带来的存款。营销客户的时候，我都会首先想一想，我能够给这个客户带来什么样的价值，这个客户可能还需要银行提供什么样的服务。如果想不出来，就不去营销，因为成功的几率很低。

在营销国有企业、财政性存款和一些非贷户的时候，例如大型石油、煤炭等国有企业和财政局等客户，需要喝大酒，酒量越大越好，人情加酒量就等于存款。如果你太矜持，反而不好，客户会觉得你离他们太远，不是一路人，做不成朋友。

在营销民营企业和外资企业的时候，基本不需要喝酒，尤其是外资企业，如果你喝大酒，对方会有些担心，他们觉得中国的银行都怎么了，怕你误事。而与民营企业打交道，一般都是民营企业请客。

在中国拓展业务，如果你懂业务，又能喝一些酒，那么真的是天下无双。

在与客户交往的时候，最好把握这样的节奏，一开始交往的时候不要吃吃喝喝，如果你给客户办不成事，酒白喝，费用也属于浪费。喝酒的最好时机是在给客户办成事之后，例如，客户提出的授信申请获得批准，你给客户办理了贷款后，通过喝酒适度促进一下感情。

我们东方人比较含蓄，内敛。在人与人接触的时候，戒备心十足，总是担心，客户想从我这里弄点什么吧？三杯酒下肚后，脑袋一热，脸一红，戒备心没了，人就能高谈阔论了，就可以交心了，成了兄弟了。没有喝酒之前是公对公，你给我提供了授信，我给你存款回报，属于生意人的交往。

本来就有业务打底，现在喝点酒，又成了兄弟，就什么都可以谈了，生意的事情当然要更加照顾兄弟的。这时候，如果年底需要冲刺存款，客户一般都愿意帮忙，于公于私都说得过去。

在中国，甚至在东方，陪客户聊天，陪客户喝酒还真有必要。主动接近客户，和客户做朋友。

酒是感情的催化剂，有了业务合作为基础，再加上酒

先有业务,再有酒,才会有存款

的感情浇灌，业务合作将相当稳定，甚至可以有效扩大业务合作的效果。

下面给客户经理介绍一些喝酒的尺度和时机。

胆子小的时候，需要喝点酒，"酒壮怂人胆"，要想客户喝好，先要自己喝倒。做大事的时候一定要喝点，比如景阳冈的武松，平时不敢上山，喝了三碗后，才壮起胆量，上了景阳冈，成就了武松打虎的传奇；在拳打镇关西的时候，也是先猛喝几杯，醉拳打倒镇关西。

出去营销拉存款的时候，给自己壮胆需要喝酒，"醉卧沙场君莫笑，古来征战几人回"。如果你真的坐在酒桌前，就不要太含糊，做人一定要真诚，人生能有几回醉，不就是喝点酒吗?

与客户刚见面的时候要喝酒。"一杯浊酒喜相逢"。只有这样,才能"古今多少事,尽在笑谈中"。

客户调动去外地的时候要喝酒。"劝君更尽一杯酒,西出阳关无故人。"说不定客户什么时候还调回来,为将来打底。

功成名就,高兴的时候要喝。"对酒当歌,人生几何?"正因为"人生苦短,譬如朝露",所以要"人生得意须尽欢,莫使金樽空对月"。做人要有豪气,千万不要畏缩。

情绪低沉,不高兴的时候也要喝。"五花马,千金裘,呼儿将出换美酒,与尔同销万古愁!""抽刀断水水更流,举杯消愁愁更愁。"当然一定要记住,马和裘都是别人的,这样才可以拿出去换,否则,回去老婆肯定和你吵架。

开会的时候要喝。"煮酒论英雄"。这样会场气氛才有,才有"天下英雄唯吾与使君耳",刘备一听嘴上虽推辞,但是心里美滋滋的,哼,哥们儿也是一把刷子。关张听了也高兴,自己眼睛不瞎,跟对大哥了,宾主皆欢。这就是酒的好处。

如果做了客户经理,就是你的业务水平再高,要想业务更上一层楼的话,还真的有必要练习喝点酒。

中国是一个讲酒文化的国家,有着五千年的造酒历史。在哪座山唱哪首歌,我们不能脱离国情。

第八课

合作第一，友谊第二

客户在芸芸客户经理中选择你，就是因为你可以为他带来价值。我们要做一个对客户有用的人。

我与客户打交道永远都是"合作第一，友谊第二"。首先靠办理业务建立关系，维系关系，靠感情加深关系。没有合作，就没有友谊。我一直信奉"做存款、做业务、做客户"，做存款是最低级的层次，一味地吸收存款，这是非常困难的事情；做业务，给客户办理银行承兑汇票、办理保函等，就会有可观的存款；做客户，关心客户的利益，帮助客户提升价值，客户会给你惊人的存款。

与客户交往永远是"君子之交淡如水"，我以帮助成事为人际交往的第一准则。

我很害怕在酒桌上的称兄道弟，我很害怕和客户距离拉得太近。酒的作用不可一味高估，忽视业务的支撑，酒精建立起的感情大厦就如同空中楼阁，随时都可能轰然倒塌。

我接触的所有客户，要求必须有业务做支撑，然后与客户谈感情。不去讲没有业务支撑的感情。首先，我帮助客户解决问题了，然后我和客户的感情又非常近，客户会给我们源源不断的回报。如果客户在我这里没有任何业务，但我和客户的感情非常好，我知道，这种感情维系不了太长时间。客户需要我们能够提供帮助。

我曾经接触过中国的顶尖公司，这些客户的维护难度非常大，是各家银行的宠儿，与这些客户合作，我每天都生活在恐惧中，客户在我们行有2亿元的存款，但是是单纯的存款，没有任何业务。我很清楚，这种存款根本不会长久，靠人情维护的存款怎么会持续呢。我每天都在想，现在这笔存款是飘在空中的，需要授信业务这根"绳子"把存款系住，否则，总有一天，它会飞向看不见的远方。

终于，我们发现这家客户的上游有大量的钢管供应商，这些钢管供应商被这家客户拖欠大量货款，对客户颇有微词，而客户虽然可以压榨钢管供应商，但是也希望有制度支持他们，毕竟他们需要钢管。这时候，我们建议提供商业承兑汇票保贴业务，客户签发大量商业承兑汇票给供应商，供应商持商业承兑汇票在我们银行办理贴现。由于客户需要不断解付商业承兑汇票，所以后来源源不断地往我们银行调动资金，存款终于稳定下来，我们找到了那根"绳子"。

大部分客户的存款需要授信这根"绳子"来维系。

在做客户经理的时候，我是个业务崇拜者，非常重视业务对存款的拉动作用。我认为我们和客户的友谊就如同"脆弱的堡垒远眺如风化的沙雕"。我们和客户首先是商业伙伴，其次才是江湖兄弟。如果我们的贷款批不下来，我们的银行承兑汇票办不了，就是喝得人仰马翻，也只是一个人的狂欢，酒杯里的兄弟立即就没了。只留下"悄悄是离别的笙箫，沉默是今晚的康桥"。

我们都是打工仔，决定不了自己的行为方式，不能用

合作第一　友谊第二

自己的感情决定朋友的取舍。

依我的经验，有一天，我们给客户办理不了业务，存款就会自然消失，再有需要存款的时候，都不好意思跟客户张嘴。可能和客户的友谊就会逐渐淡逝，毕竟大家都是职场中打拼的人，都需要赚钱养家糊口来谋生，没有一个工作的话题作为理由，喝酒都很难。

或者，客户经营亏损了，不但没有存款了，可能还带来风险损失，你和客户的友谊就会淡去，像流沙一样在指尖轻轻随风飘逝。如果客户贷款不归还了，你还可能和客户反目成仇，曾经的好朋友，变成了对簿公堂的仇人。

你和客户在马路上相遇却视而不见，成了最熟悉的陌生人。

"没有永远的朋友，只有永远的利益"，我们东方人虽然不太习惯，不管你是否愿意承认，我们和客户的友谊真的就这么现实。

存款是一根感情的绳子，这头连着客户，那头连着你。

第九课

熟悉银行产品方可安身立命

客户经理开拓业务，有人脉关系资源很重要，但是绝对不是没有关系就没法开拓业务了。保证客户经理真正可以安身立命的是银行产品，尤其是对公信贷产品，这点我深信不疑。

剑客立足江湖的本钱是一身的功夫，这是硬道理。

我很庆幸，在支行做客户经理的经验让我深深理解银行授信产品的意义，深刻理解银行客户经理的营销思路，让我现在在工作中可以如鱼得水。

我刚进入银行做客户经理时，在北京举目无亲，没有任何关系可用。但是我坚信银行产品非常重要，只要熟悉银行业务、满足客户需要就会有较好的业绩，哪个人天生有关系，关系不就是人与人之间的熟悉吗，只要我勤奋一些，不就可以自己给自己找来关系吗。

进入银行后，第一件事就是翻看这家银行的领导讲话及印发的所有授信产品制度。研究领导讲话是为了熟悉这家银行的文化，我认为一个客户经理要想在这家银行生存下去，首先必须融入这个集体，熟悉这个机构的价值观，做人先于做事；熟悉银行的授信产品制度是为了可以尽快开展业务，保证开拓客户的需要，为客户带来价值。没有关系可借，要想出人头地，恐怕只能靠业绩说话。

千万别以为我们还是改革开放前的银行，可以坐在高高的柜台上，客户很谦虚，怯怯生生的像个小学生似的尊敬你。虽然，我很希望过那样的生活，可惜生不逢时，等我进入银行，发现银行人就像小学生，天天小心翼翼为大客户提供服务。敢情送钱给人家，还得看人家的脸色。

我总结的授信产品学习方法应把握以下几点。

从容易到复杂，从低风险到一般风险。银行低风险业务属于非常容易掌握的产品，新的客户经理应当首先学习低风险业务产品。

"合作第一，友谊第二"，保持这样的原则与客户打交道，如果偏离这种原则，迟早要失败。毕竟客户与你的友谊是以合作为根本目的。一个好的银行、一个好的客户经理必须能为客户带来帮助，要让客户感觉到你的价值，认同你的做事方式，尊敬你的敬业精神。成天与客户混在一起，但是在实际业务中却帮不上客户任何的忙，解决不了客户最关心的问题，那些投入的时间和精力都是浪费。那些就知道喝大酒维系客户，只知打价格战的银行迟早会被扫地出门。

银行信贷工作是实践性较强的工作，需要在工作中不断加深理解，领悟信贷的精髓。

到目前为止，授信仍是营销客户最主要、最有效、最基础的手段，是银行立行之本，是客户经理立业之源。最近几年，银行开发了多种金融产品，但是大部分都是边缘性的产品，属于搭售范围，可以锦上添花，但不可能作为银行立行的基础工具。

授信产品是银行产品"百花园"中的牡丹，为花中之

客户经理须非常精通银行产品

王，对客户而言是雪中送炭的产品。没有授信产品，其他产品很难销售。不懂得授信产品，客户经理无法立足。

客户经理一定要牢牢把握授信产品这个主线去开拓客户，千万不要迷失在银行纷繁复杂的产品花园中。

在商业银行产品线的金字塔中，授信产品是构成金字塔的基座。

我对商业银行产品进行了分类，授信产品最关键，是解决吃饭的问题，投行、年金等业务属于高端产品，属于吃好饭的问题。

客户经理首先要吃饭，解决掉马斯洛的需求理论中最低的"生理需求"。等吃饱了，喝足了，再去想"自我实现需求"。

"花开就一次成熟，你却错过"，只能自己在那里寂寞地"用琵琶弹奏一曲东风破"。

【案例】

成为专业人士才能在营销中游刃有余

客户经理必须是银行经营队伍中的专业人士，只有具备较高的综合素质和专业知识，才有机会赢得更多的优质客户。我的目标就是成为一名具有丰富业务知识和较高专业素养的客户经理，争取做到面对任何客户，都能迅速、准确地给出覆盖客户全方位需求的服务方案。

为了迅速提升客户经理的专业素养，分行高度重视对客户经理的专业培训，各种形式的培训都成为我学习专业知识的课堂。分行提出要大力拓展国际业务，推行本外币联动营销。我积极响应，把营销目标锁定在外贸行业。审计专业出身的我对外贸并不熟悉，加强学习是唯一的途径。没有老师，分行职能部门的领导、同事以及在外贸公司工作的同学成了我的辅导员。没有时间就晚上加班，周六、周日放弃休息，重回大学教室自修。我如饥似渴地吞噬着进口、出口、报关、结汇、退税等专业知识，几乎每天都到十二点以后才休息。经过刻苦学习，短时间内就比较全面地掌握了外贸知识，在与客户谈判中往往能够提出独到见解，甚至同一个业务能够提供多个合作方案，供客户选择。付出总会有回报。我个人的国际结算业务量持续攀升，所在营业部的国际结算量增长约40%。

　　物流金融业务是分行全力推进的新产品，由于新产品的应用范围较广，对客户经理专业知识的学习提出了很高的要求。对某化工企业化工物流金融业务的营销是我跨领域专门学习的又一次拓展。该公司主营冰醋酸、醋酐、苯乙烯等产品，授信品种为核定货值货物质押贸易融资进口开证。冰醋酸、醋酐、苯乙烯这些化工产品是什么东西？这些原料在仓储、运输过程中是否会发生化学变化，从而影响货物的价值？这些都是我重点考虑的问题。为此，我加班加点学习包括货物价值、化学状态稳定性、储存条件、销售情况等化工产品相关知识。那些日子，我成了图书馆的常客，还通过一位朋友介绍，前后三趟专程向化工学院的一位教授请教。此外，我把贷前调查当成重要的学习机会，不仅分析客户的财务状况，更一次次去车间实地考察，遇到不懂的问题，就虚心向企业技术人员求教，对工艺流程、产品性能、原料构成、市场价格变动等，每一细节都盘根问底，直到弄懂为止。

　　通过学习，我这个门外汉终于从看热闹变成了看门道，为客户设计的服务方案被客户誉为比化学工程师还专业，客户也将核定货值货物抵押授信业务放心地交给了我。

第十课

设计量体裁衣方案而非机械营销标准化产品

在这里提醒广大客户经理：银行对公授信产品营销绝不可能是一个标准化的模式，可以适用于任何客户。根据客户经营管理的实际特点，合理组合现有的授信产品，提供量体裁衣式的个性化服务方案才是营销的最高境界。

《孙子兵法》云："兵无常式，水无常形。"银行票据、贷款、保函、信用证等单一产品可以是确定的、单一的，但是如何使用在客户身上却是不固定的。就如同围棋棋子，看似就那么多，但是真正下起来，却是千变万化，古今无同局。

银行授信产品的销售之道在于合理、自然组合，不要有过多的拼凑痕迹。

根据客户的产业链来进行合理的横向组合。更多地帮助客户促进产品销售，更快地将现金回流。更好地帮客户延期付款，将客户的现金最大限度地留在手中。营销一个产品的出发点不是我要销售什么，而是帮助你选择什么。不是我希望得到什么，而是我能够帮助你解决什么。我希望你更强，希望你更能赚钱，这就是我们的想法，因为只要你赚钱，我们就能赚更多的钱。为什么？因为我们希望你从一个小客户成长为一个大客户。

我们就是客户资金的保管人、客户生意的财务顾问。资金使用成本最低、资金运作收益最大是我们的目标。

授信产品应当根据客户的需要进行量体裁衣式的个性化设计，能够活学活用。在设计服务方案的时候，需要超乎客户的想象，当你对于客户成为不可替代的时候，你便成功了。

客户的心理有时候就像一座冰山，露出水面的只是三分之一，更多的都藏在水的下面。客户究竟有什么样的需求，有时，连客户自己也说不清楚。如果哪家银行能够挖掘出水下的冰山，那就一定能够让客户跟着走。

我在营销过程中，碰到了各种各种的客户，有时候，就是同样的钢铁经销商，需求也有天壤之别。这时候，我掌握了一个规律，要彻底搞懂每个客户，就要对客户进行精细化的分类。比如，我给这个客户提供的金融服务方案，还可以复制给哪些客户。每个客户我要求自己不能仅销售一项银行产品，而是至少三项以上，尽可能提高客户的黏合度。银行给客户设计的金融服务方案要能够嵌入到客户的经营产业链，与客户的经营融为一体。

标准化产品只适合一些极低端的客户，只要稍微高端一些的客户，就需要银行提供金融服务方案，给银行带来最大价值的是金融服务方案，是银行产品的交叉销售，远远超过单一产品的销售。真正优秀的银行客户经理一定是一个设计大师，能够将各类银行产品有机组合，客户需要的不是标准化的产品，而是产品的组合金融服务方案。

例如，我营销了一家北京最大的钢铁经销商，它的下游有大量的二级经销商，其他银行给这个客户办理银行承兑汇票，都是仅要10%的保证金，而这个客户有价值的资

对大客户提供量体裁衣方案

产、房产、股权都已经质押给了其他银行，留给我的基本没有什么了。怎么办，如果沿袭其他银行的方法，只能是打价格战，要不就是更少的保证金或者是接受更低质量的担保方式。这样做，审批部门肯定不接受。这时候，我想到，是否可以将二级经销商捆绑起来，为这个客户设计了给其二级经销商提供回购担保的方案，银行给二级经销商办理银行承兑汇票，定向用于向这个客户支付采购款，委托物流公司全程监管钢材的授信方案，这个方案很快获得通过，而且从仅营销一个客户，变成了把10个二级经销商捆绑在一起，使银行的收益大幅提升。

从这个案例后，这个客户对我也刮目相看，毕竟为他服务的银行太多了，但是能彻底分析客户的产业链，能够提供整体金融服务方案的客户经理凤毛麟角。

在营销过程中，不能总是等待客户主动向银行提出需求，应当启发客户的潜在需求，使客户了解到通过接受银行新产品和服务方案可以获得其还没有意识到的收益，解决尚未解决的困难。我碰到的大部分客户并不熟悉银行产品，产品的使用需要培育客户。

现代商业银行营销已经从单一标准化授信产品的提供发展为根据企业采购、销售、经营管理等个性特点，将各类授信产品嵌入到企业产业链，为企业设计个性化的金融服务方案，为客户提供切实的价值增值服务，在服务客户的同时达到获取银行经营利润的目的。一个信贷项目绝不仅仅是单一授信产品提供，而应当是一个整体方案，方案的最大好处在于实现银行信贷产品嵌入客户的产业链，与客户的经营需要完整对接，而且银行清楚信贷资金的用途和授信的准确风险度。

客户经理应当记住：一个项目能否成功必须满足"开心、放心"两个原则。"开心"原则就是银行提供的授信服务方案必须使客户感觉得到现实的利益，满足其需要，客户愿意使用银行产品；"放心"原则就是银行对借款人使用银行信贷资金用途很清楚，确信企业能到期还款，只有这样的项目才能成功。

中国大多数银行还处于初级阶段，这是一个不争的事实。所以，我们在培训的时候，提倡不要一味照搬国外银行的营销思路；在培训中小银行的时候，提倡不要一味照搬国有大银行的营销思路。要结合所针对客户的情况和企业所处的阶段，这就像毛泽东打游击战，如果像德国正规军那样，肯定打不赢。

我们中国的银行面临的客户与国外截然不同，中国人的思维方式、价值观与老外截然不同。

我们是做资金生意的。做生意的基本规则就是低近高出，这点我们相同。资金来源的成本要尽可能低，所以，你应该关注企业的经营现金流，这些都是活期存款，而非财政性的闲余资金，这些财政性的资金有时仅是挣一个存款基数，根本无法盈利。你要让资金运用的收益更高一些，所以要综合收益。

【案例】

北京爱普医药经营有限公司循环票据

一、企业基本情况

北京爱普医药经营有限公司（以下简称爱普）注册资金3000万元，为医药行业药品销售流通企业。该公司属于中小型企业，具备以下三点特色优势。

公司资金周转速度极快，平均一个月周转一次。因此，现金流较大。

原有授信方式：1000万元贷款，年息9.8%，全额保证金银行承兑汇票2000万元。该公司在其他银行办理有一定金额的全额保证金银行承兑汇票，某银行迫切需要拓展这些票据资源。

二、银行切入点分析

该客户资金周转速度极快，很适合银行拓展票据业务。某银行经过思索认为，原有的单纯提供贷款的方式有缺陷，承担了较高的风险，但是存款吸收的却很有限，而且客户在本行业很少做结算流水，尤其是针对流通型企业应当使用票据。经过老师的指点，某银行客户经理三次改进授信方案，每次综合收益都大幅提升。

三、银行授信方案

新方案1：1500万元综合授信：500万元贷款、1000万元银行承兑汇票敞口额度（50%保证金），全额保证金银行承兑汇票5000万元。

新方案2：1500万元综合授信：500万元贷款、1000万元银行承兑汇票敞口额度（50%保证金），准全额保证金银行承兑汇票5000万元。

新方案3：1500万元综合授信：500万元贷款、1000万元银行承兑汇票敞口额度（50%保证金，客户采取1个月填满所有敞口的方式使用授信额度），准全额保证金银行承兑汇票5000万元。

银行存款可以快速大幅上升，授信额度使用效果可以有效放大，实现提高银行的综合收益。

银行客户营销是一项专业性较强的工作，对客户经理的业务知识储备和谈判沟通能力都有着较高的要求。客户经理需要熟知各种业务产品和相关政策，并且能够针对不同的客户需求适时使用相应的产品。对于目标客户的企业状况，包括经营目标、经营方针、行业特点、历史业绩、财务状况、销售产品的优势等方面，有充分、全面的了解，做到"知己知彼，百战不殆"。

第十一课

将银行产品用活而非
一味打价格战

第二十章

银行客户经理一定要能够将银行产品活学活用，而不要一味的打价格战。各家银行的产品可以是相同的，但是客户经理却是不同的，能够将银行产品活学活用的客户经理才是最高明的。

　　就如同足球运动员，中国的足球运动员在静止中传球，也非常精准，但是只要在运动中、在对抗中传球就漫天乱飞了。你看看葡萄牙的C罗，无论对抗多么激烈，传球都是一样的精准，每个动作都非常合理，这就是基本功非常扎实，能够将动作很合理地使用。

　　建议每个客户经理都练好绝对扎实的基本功，就是对每个基础的银行授信产品都非常精通，能够将各项银行产品合理组合使用。

　　每个客户经理要树立横向营销思维，要有明显超出同业的见识。

　　在营销客户的时候，我要求自己在熟练掌握银行产品的基础上，将银行产品活学活用。生搬硬套的效果很差，而且容易出问题。

　　在营销某客户的时候，我们给这家客户核定了3500万元的银行承兑汇票额度，6个月的银行承兑汇票，客户希望保证金比例降低到10%，结果行里不同意，最终协商为30%的保证金。客户使用授信较慢，没有积极性，而且使用的银行承兑汇票额度通常都是在银行承兑汇票到期前2天左右才填满敞口。后来发现，其实这家客户的资金周转速度非常快，在10天左右销售就周转回来了，客户往往将资金挪用于房地产，在银行承兑汇票快到期前才转回来。这时候，我们就设想，要求15天左右让客户提前填满银行承兑汇票敞口，如果客户再次循环使用银行承兑汇票额度，可以将首笔保证金比例降低到客户要求的10%，由于可以很快带来非常可观的存款，分行也同意了，这个建议得到了客户的热烈响应，很快客户在我们这里办理了大量的全额保证金银行承兑汇票。

同样的一个客户根本没有前一个客户一样快的周转率，我们就要求这个客户首笔保证金50%。客户在银行承兑汇票到期前两天填满敞口。如果按照对前一个客户一样的要求，这个客户会发疯的。

总行部门对存款一般都是无所谓的态度，对你的方案往往从最苛刻的角度入手。分行对存款有一定的压力，会对方案提供一定的帮助，支行对存款的压力最大，对授信方案往往希望从最见效、风险控制最低的方式入手。

在银行产品高度同质化的时代，作出明显高人一等的银行产品极为困难，直接打价格战更是较低层次的营销活动，还不如改变营销思路。在商业银行，传统的纵向营销思维是试图将银行产品、服务做得比竞争对手更好、更细、更优秀。但结果却使自己越来越累，盈利空间越来越小。比如，银行参与大客户的贷款招标，无外乎贷款利率提供基准下浮10%，可以随用随借，随时归还，存款提供

通知存款利率，将自己的利润压到最薄。为了维护客户，甚至将本属于自己的利润也让给客户。

不要跟强大的对手正面竞争，我们根本不可能与大银行正面争夺，想都不要想。和大银行打价格战更是错上加错。对付价格战最好的方法就是毅然抽身而退。不要和大银行在规模上、成本上较量，比如，一个特大型项目，工商银行可以提供200亿元，小银行提供2亿元就觉得气喘吁吁了。

我们提供的授信要能够画龙点睛，比其他银行更新颖、更有效。

我总结了一套横向营销和纵向营销的理论。

银行横向思维首先不是在好上下工夫，而是在新上下工夫。创新产品不是拿好和坏来衡量，而是有和没有，有就是不一样。运用横向思维来创新产品、使用产品。打破原有对银行产品的理解，银行产品功能的界限，只有创新才能让你变得不可替代。我们不需要比竞争对手好，只要能比他快、比他新就足够了。

横向营销就是对产品、市场及营销组合要素在广度上的创新。在现代商品经济环境中，一种商品的价值是用另一种商品来衡量的，客户肯定会将这家银行的产品和那家银行的比，关键是不让他这么比。竞争对手的产品如果是苹果，那你的产品就必须是桃子。竞争对手的产品如果提供贷款，那你就提供票据，体现出明显的差异化，这需要教育、引导客户。比如，很多人认为票据是结算工具，这是一般银行的看法，我却认为，票据是信贷工具，是融资工具，在采购环节，它又是支付工具。银行承兑汇票和买方付息票据、代理贴现捆绑销售，就是标准的支付工具。再比如，很多人将收到的商业承兑汇票直接贴现，其实不对，商业承兑汇票直接贴现成本太高，将商业承兑汇票转成银行承兑汇票再贴现，成本可以大幅降低。

很多人认为事业单位不可以使用票据，其实不对，大学、医院、交通厅、铁路局等事业单位同样可以使用票据支付。而且银行可以通过这些机构营销其大量的供应商。

很多人认为银行保函是担保类产品，其实远非如此，保函是帮助企业销售的工具，帮助电力设备制造企业销售电力设备，帮助施工企业承揽工程等。

　　每次横向市场的成长，却又需要纵向营销的深耕拓展。比如，如果使用票据，就应当将票据研究透，能够不断地创新使用，在票据方面表现出绝对的技术领先，创新能力极强，使用的极为娴熟。能够纵横结合，纵横营销，方能纵横天下。

　　银行能够提供给你的牌就这么多，你销售的时候必须考虑充足的综合回报。牌就这么多，看你怎么打。个性化的横向营销具有一定的诱惑力，而这些是以打"价格战"为主要手段的。以己之长，攻人之短，你获得了良好的生存空间。竭尽全力影响你的客户，让他知道你是最好的，独一无二的，一旦拥有，别无所求。与你生死相守，不离不弃。

第十二课

百折不挠，
不断卷土重来

做客户经理需要成为硬汉，能够百折不挠，永远不知疲倦。

授信业务需要坚持，客户经理需要坚持。拉存款不可能立竿见影，需要你不断努力，不断与自己战斗下去。你对自己残酷一点，客户才能对你好一点，你要是过于爱护自己，你的业绩就会很糟糕了。

在我做客户经理的时候，碰到了太多的挫折，经常是约好的客户，最后客户爽约了。千辛万苦营销了一个客户，客户也配合提供授信资料了，结果申报授信却被毙掉了，而且被毙掉的项目还特别多。想一想自己千辛万苦搞定的客户，就审批人员一句我们不批，就给轻易否定了，内心无比沮丧，连跳黄河的心都有了。

每次项目被毙掉后，我都在总结，为什么被毙掉了，他们为什么看不上这个客户，应该找哪些客户才能通过项目。我就是一块等待被灌溉的饥渴的荒地，客户就是荒地上的小苗，我们都在嗷嗷待哺。信贷审批部门手里掌控着一个闸门，只要贵手一抬，信贷的肥水就会源源不断地流向这里，我和客户都会复苏，迸发盎然生机。

信贷审批部门手没有抬起，就是因为它看不上我地里的小苗，我要换一个，换一个他看得上的，我要搞懂审批人员的喜好。我喜欢什么根本不重要，审批人员喜欢的才是重要的。

后来，我认真分析了本行的信贷政策指引，认真揣摩每一个本行已经通过的授信项目，找到其中的规律，后来申报的授信成功率明显提升。每次申报授信后，我要总结出规律，不进行总结，就会不断碰壁，最后导致头破血流。

我总结，这就如同高考，其实，我们每个人都应该认真研读考试大纲，没有研究考试大纲就匆忙上阵，能考出高分的几率很低，白白浪费光阴。

授信项目报批最熬人，这是我做客户经理的直观感受。客户到底有没有风险，客户经理最清楚。授信项目报批需要客户经理有着过人的坚忍，你认准的就是对的，非常固执。有时业务部门与审批部门是一场博弈，你需要有技巧地坚持，要懂得聪明地回旋。

在银行授信项目中，除非特大型垄断客户，如中国石油、中国石化、国家电网、中国移动等公司，客户经理和审批人员可以没有分歧、高度一致，但是这类项目往往审批额度容易，启用额度困难，客户在多家银行有远远超过其业务需求的授信额度。

客户经理和审批人员会对银行的大部分授信项目存在分歧，而对客户最了解的是客户经理，客户经理必须坚持自己认为正确的项目，要想方设法说服审批人员。绝对不可以项目一旦不批，就干发牢骚、怨天尤人，这于事无补。

行长要的是你的结果，而不是艰难的过程，行就行，不行就不行。

我是最坚强的客户经理

　　什么样的人适合做客户经理？就是对自己够狠的人。这个职业会让你在挫折之中不断产生成就感。

　　银行要找的客户经理就是那种愿意对自己说，不想过平庸的日子，愿意玩命的人。在人生的某个阶段，对生命负责的态度就是玩命。在进入银行客户经理这个岗位之前，你应当判断自己是否正处于这个阶段。你如果愿意成为一个当兵的战士，不可以充满小资情调地在战场上吹口哨，应该随时扛着枪冲上去。拉不来存款，就激励自己，在内心里不断反思自己。

　　人只活一次，选择了做客户经理，想挣大钱，就选择了战斗，选择了战斗就不要羡慕后方的宁静。从事客户经理的职业注定金戈铁马般的戎马一生，注定"将军百战死，壮士十年归"。

责任心第一。在银行这个行业，责任心是第一位的，聪明是第二位的。在银行，最反对就是有十分力，却只肯花九分。责任心能够帮助你成功，使你能坚持。

在商业银行，存款是无数的牺牲，在别人休息、娱乐的时候，你要痛苦地坚持，拜访客户，写报告，存款有时候甚至可以说是血汗堆积而成。

骑骥一跃，不能十步；驽马十驾，功在不舍。锲而舍之，朽木不折；锲而不舍，金石可镂。我们大部分人都是驽马，只要十驾、百驾，会赢得天下。

第十三课

授信产品是王牌中的王牌

我始终认为客户经理只有能够熟练使用授信产品才可以在银行立足，在银行纷繁复杂的产品花园中，授信产品是皇冠上的明珠，是花中之王。

　　给大家讲一个最简单的银行盈利模式，融资或融信。融资就是真金白银地提供资金，如银行的贷款、贴现、押汇等，融资又称为表内业务，属于赚辛苦钱；融信就是银行出借信用，如银行的银行承兑汇票、银行保函、银行信用证等，融信又称表外业务，属于赚信誉钱，属于无本的买卖。

　　银行授信产品看似较多，其实就四个：票据、贷款、保函、信用证。其他的银行产品不过是一种担保方式，或者说是营销方式，构不成独立的银行产品。所以银行授信非常好学。银行提供授信必须找到抓手，也就是掌握可以钳制客户的东西，防止客户违约，抓手就是担保手段或抵押手段。

　　所以说，银行授信产品非常好学，因为有一个主脉络，就是融资或融信。而客户需要融资或融信是因为自身需要做生意，需要借助银行来赚钱，否则没有一个客户会平白无故地向银行借钱，然后就直接存在银行不用。

　　你必须抓住这最关键的矛盾，否则，白白浪费时间。

　　在进入银行的时间里，我每天都在如饥似渴地学习银行授信产品，就像海绵一样，拼命吸取水分。

　　授信是最锋利的剑，可以快速地刺透银行和客户之间的墙，只有授信产品成功打开缺口后，其他产品才能像滔滔江水一样，源源不断地输送给客户。

授信产品是拓展和维护客户的主要手段，授信是开拓江湖最锋利的剑，所向披靡。

当前银行产品的创新较快，如基金销售代理、网上银行、贸易结算、债券代理等，新产品、新操作模式层出不穷，有时让人眼花缭乱。但我坚信，信贷依然是银行拓展和维护客户最主要、最有效的手段，是商业银行各项业务增长的主要拉动力量，起到"扛鼎"的作用，而非信贷类产品只能是锦上添花，属于搭售范围。客户经理必须能够准确把握市场主流信贷产品的特点、功能、使用技巧，能够熟练地进行产品组合，设计个性化的金融服务方案。

一个年轻的客户经理最怕的就是方向错误，白白地浪费了太多的时间。我的经验总结，授信是最重要的。

尽可能地争夺信贷资源。拓展业务必须有足够的资源，就如同带兵打仗，手中必须有枪和子弹。对客户最有价值的资源就是信贷，客户经理应当拼命争取信贷指标，这直接决定你的业绩，贷款、银行承兑汇票、票据贴现、信用证等都要拼命争取，争夺的资源越多，你的业绩就越好，这是绝对成正比的。银行信贷资源非常有限，通常在年初多、年末少。分行分配信贷资源并没有绝对的规律安排，通常一个项目批准了，只要客户经理的工作抓紧些，分行就同意使用了。客户经理一定要尽力尽早争夺信贷资客户经理的四种兵器 —————

源，一旦项目批准要尽早劝客户启用额度。在中国的商业银行，客户经理众多，信贷资源有限，僧多粥少，你必须学会争抢。中国古语"会哭的孩子有奶喝"，下一句我认为应该是"有奶喝的孩子长得快"。在中国，只问结果，不问过程，到了年底，有存款就是老大，没有存款就是不行，不会有人去管你中途占用了多少授信资源。

　　客户最需要的还是信贷资源，我深有体会。在做客户经理的时候，我感觉很舒服，存款在稳步上升，我很清楚自己的存款非常稳定，每月都在缓慢上升。我相信每个客户经理都会有同感，授信客户形成的存款一般会非常稳定，而对你没有任何需要，单纯靠人情关系的存款，可能随时会走掉，你就会始终处于忐忑不安的状态。

作为客户经理，不要让客户的任何一笔业务旁落其他银行，我相信投入的信贷资源越多，得到的回报就会越多。一次，一个钢铁经销商在下班的时候给我打电话，有一笔20万元的银行承兑汇票问我是否愿意去取，当时已经下午五点了，我马上说愿意去取。一旦客户在其他银行办理了一次业务，就可能形成习惯而一发不可收拾，所以要把这种情况"扼杀在萌芽状态"。我相信信贷资源沉淀在客户那里，常年累月就会产生巨大的回报。信贷资源就如同子弹，存款就是弹靶的洞，只要你射出的子弹足够多，而且枪法不是过于糟糕，你的弹靶上的洞肯定足够大。

去争抢隐性资源。很多资源看不见，摸不着，但是却现实存在着，这些资源都在潜移默化地发挥着作用，能量不可低估。

行长资源。总行、分行领导是个重要资源，要成为你应该每天惦记的对象。

首先，惦记行长的时间，要认为，行长的时间都是为我准备的。

要尽可能给你的总行、分行行长排满时间见你的客户，毕竟行长名头响，见对方的层级也高，客户会买账。占用信贷审批人员的时间，最好每周信审会都有你的项目上会，每天信审人员都有你的项目要审，信审人员的时间精力也是资源啊，为你的项目保驾护航。占用放款审核岗的时间，最好每天放款审核岗都要审核你的放款项目、你的银行承兑汇票项目，让他们忙得不可开交。占用会计的时间，最好会计人员每日都在办理你的客户结算，办理你的银行承兑汇票查询，办理你的贷款、贴现出账，拼命拉来业务单子，让他们给你服务。要知道，全部占用这些资源，存款都反映在你一个人身上。哪个客户经理占有这些资源越多，业绩肯定越好。

其次，惦记行长的钱包，看看他的钱包里还有多少钱，哪些部分可以拿来花花。

要非常清楚你这家银行的考核规则，营销要牢牢围绕考核这个指挥棒，要知道，行长也希望你这样，因为上级单位也按照这种思路考核行长呢。

第十四课

勤能补拙，
水滴石穿

做客户经理是一件很辛苦的事情，你必须坚持。

我不是最聪明的客户经理，也没有任何的关系可借，但我却是最勤奋的客户经理，足够用心。进入银行后，不用行长下指标，自己全主动到处找客户，用心学习银行产品。我相信勤奋可以改变命运。

我是一个沉默寡言的人，上班后，大家先聊天，然后慢慢腾腾地去联系客户，晚上一下班就着急回家了。

我不然，我没有休息日，每天下班前，我都会安排好第二天营销的客户，白天我在找客户，营销业务；晚上写报告，学习产品。我从来不看电视。每天下班后，如果当天晚上没有报告可写，我都会打开电话本，联系客户吃饭，一直打下去，直到联系成功为止，很多业务机会都是在吃饭的时候不经意发现的。与客户打交道多年，我知道哪些客户是单身，哪些客户是外地来北京的，如果临时约客户，根本不需要去大酒店，就是很简单的一些饭店，一顿饭吃上60多元，大家喝点啤酒，聊聊天，慢慢就成为了朋友。

我一直认为，能够在街边光膀子喝酒的朋友才是我真正的朋友，困难的时候相互帮助，真正的朋友不需要大酒大肉。

我希望与我的朋友用心相处，所以我请客从来不去大饭店，从来不喝茅台、五粮液，不吃鲍鱼、鱼翅，这样的地方交不来朋友。客户大吃大喝惯了，用这种方式与客户交往，客户还是会看不起我们，停留在酒肉的关系，我不希望这样，我本来也没有那么多钱。

我希望客户与我交往的时候就看出我与众不同，是一个真正关心客户利益、一个有品位的客户经理，在关键时候，不会掉链子的客户经理。

我和客户交往的时候，喜欢聊生活、聊经济、聊楼市等，大家一起分析一下中国的经济，有时候还探讨一下人生。一次，在某公司任财务经理的朋友准备跳槽去另一家公司，他及早告诉了我，想听取我的意见，我知道客户已经将我当做真正的朋友。这样，朋友去哪家公司，我就会多一个新的客户。

与客户深度交往的时候，还会有很多意想不到的回报。我到现在还感谢某公司的财务经理，2000年前后，在晚上闲聊的时候，他跟我说，北京的楼市现在很便宜，他去过中国香港、美国等地方，楼市经过经济大发展后，价格都是飞速上涨。他正在投资房产。这位老兄可能没有意识到，他的一句话改变了我的命运。后来，只要一有钱，我就关注并投资房产，今天的财富都是客户给的，我要感谢客户。

我在做客户经理的时候，每天拜访的客户超过12个，我相信，只要我将基数做得足够大，肯定会有客户成功。如果我有存款的客户数量少，说明我营销的客户数量还不够大，我还需要更勤奋。

勤能补拙
水滴石穿

客户

我基本上将支行周边的客户走遍了，对本地哪些客户有存款如数家珍。后来，我主动出击一些专业市场，如钢铁交易市场、汽车交易市场等，每天坚持拜访有效客户，每天做营销客户日志。

因为我不够聪明，如果我再不勤奋，那么还有什么可以当做资本呢？

《世界上最伟大的客户经理》里面有这样一句话，"我愿意化做冲刷大山的雨滴、雨水，我愿意成为吞食老虎的蚂蚁，我愿意作为一个修建金字塔的工匠，我将会一砖一瓦地建起我的城堡，因为我深深地知道，坚持不懈，一定能够完成你所追求的任何事业！我将坚持下去，直到成功，我坚持、我成功！"

人生有时候就是一场龟兔赛跑，乌龟未必不能跑过兔子。客户经理应该能耐得住寂寞，认准银行认可的重点目标行业，认准客户经理这个职业，静下心来研究银行的产品，用心去营销客户。

我是一个很容易动感情的人，时刻保留一颗感恩的心。我感谢现在工作过的银行，它们让我过上一种很体面的生活。我很庆幸自己赶上了一个很好的时代，中国经济快速发展，呈现一片繁荣景象，在这一派欣欣向荣的大环境中，银行提供了非常激动人心的考核激励政策。在这里，我想对我的同行说一句，切记：坚持你的选择，提高你的能力，你要立志成为这个行业中的人中龙凤。

第十五课

帮助客户赚钱是维系客户的最好方法

不要一直都想着拉存款，一心想着发大财。这样，你根本拉不来存款，也发不了大财。存款不是拉来的，是设计出来的。

你应该按一名成功商人的标准要求自己，以商人的思维去思考你的客户，按照商人的思维与你的客户交往，想方设法帮助你的客户赚钱。

要把自己锻炼成一个商人，你想想如何改进你的方法，你应该常常问自己的是："我如何帮助客户去赚钱？"客户赚到钱了，你的存款自然就会滚滚而来。

了解你的客户，了解你的银行，了解做商人的游戏规则。以商人的思维方式与客户洽商合作，帮助客户去扩大生意，去赚更多的钱，这是维护客户最好的方法。

我曾经作为银行的金融服务小组组长代表银行和某电器商谈合作，刚开始的时候，电器商非常强势。

"我们现在已经非常好了，不需要银行了。"

"我们不是来拉存款的，我们能够帮助您扩大销售额。"

"你们有这么善良啊。"

"我们帮助扩大销售额，当然，您需要将自己的经销商介绍给我们，我们定向提供融资便于他们向贵公司的采购。"

能够帮助客户扩大销售额，这就是和你谈合作最大的本钱。我们不是来要存款的，我们可以给你的经销商提供保兑仓融资，银行承兑汇票定向用于采购。

我们应该送给客户的一块匾是"最佳商业伙伴"，我们认同客户的做事方式。"最佳商业伙伴"表达多层意思，客户肯定按时还款了，而且给银行的综合回报很理想，所以我们认同客户这个商业伙伴，愿意交这个朋友。

客户也送给银行一块匾，这块匾有时需要暗示客户，是不是该送个匾啊，兄弟也需要露露彩啊。有时客户是木头脑袋，就知道请客吃饭，不会来些文化活。送匾的内容也替他写好，送一块"最佳金融伙伴"的匾，就是客户认同我们银行的方式，认同我们的专业能力，以商人的姿态表扬我们。这块匾用途极多，找个最显眼的地方挂起来，给总行、分行看，给其他客户看。

一次，一个客户在轻轻暗示后，下午就送来了一块匾，上书"最佳金融伙伴"六个大字，这么会来事，有前途。更爽的是，当天总行的人正好来检查。当时要不是人多，真想亲一下这位可爱的客户。

真正关心客户的需要，真正把客户的生意当成自己的生意一样来看待，把客户的资金像自己的资金一样来管理，将客户的资金融通需要像自己遇到困难一样去思考、去解决。

什么是团队？我是这样理解的，客户经理就是客户团队的一员，与客户一起并肩作战。我曾经与中国铁路建设总公司合作投标京沪高铁项目，我作为主办客户经理，也

以商人的思维与客户合作

银行客户需求分析

是投标项目组的成员，他们陈述技术环节，我陈述投标保函及银行信贷承诺书，清晰地向业主方提供一个信息，银行完全相信中国铁路建设总公司的施工能力，我们愿意提供中标后的贷款承诺。

陈述要带着感情，就如同自己最重要的高考面试一样庄重，充满激情。

我们与客户同喜同悲。中标后，我们同样欢欣鼓舞。丢标后，我们共同勉励，大不了从头再来。

我接触客户喜欢开门见山，直接谈我们是来做什么的，我们是大夫，来帮助你解决问题来的。我不喜欢聊家常，客户忙，我也很忙。很多教科书教客户经理如何与客户套近乎，拉近感情，我不习惯。只要能帮助客户解决问题，不用套近乎，客户也会把存款稳稳地存在你那里。如果解决不了问题，就是和客户称兄道弟，也是一层窗户纸，客户该不存款还是不会存款。

我谈恋爱同样，见了女孩直接递给她我的简历，身高、体重、学历、民族、工作单位、收入，毫不隐瞒。人是最现实的动物，我不喜欢从什么最虚的文学、人生观谈起，如果瞎谈了一阵文学，等到后来一看，原来收入这么低，结果还不是浪费人家的时间。

第十六课

尽可能多地交叉
销售产品

我们是营销人员，要向客户尽可能多地销售产品。

在营销前，一定要有规划。客户经理切忌考虑问题不够严谨全面。对工作匆忙作出决定，忌缺少思考、盲动。很多客户经理在拓展客户的时候不知道自己应该得到什么。对于中小客户，要明确你需要从这个客户手中拿到多少存款、办理多少代发工资、发行多少银行卡。对于大型客户，如特大型客户，即使是托关系求下来的贷款，客户经理心中也要设定一个需要开拓的业务量指标，如将来客户要使用我行多少票据贴现业务、使用多少网银等。

善于发现客户的多种需求，并通过满足其需求而销售多种银行产品是最有效的营销方式。交叉销售（Cross Selling）是一种发现客户多种需求，并满足其多种需求的营销方式，该方式从横向角度开发产品市场，是银行客户经理主动积极地向客户销售多品种，甚至是跨领域的产品或服务的一种有效手段。交叉销售通过横向开拓市场能够在同一个客户身上挖掘、开拓更多的需求，而非仅仅满足于客户单一的购买需求。

交叉销售的好处众多。

其一，增加客户与银行的黏合度，增加客户的转移成本，提高客户的忠诚度。客户购买本行的产品和服务越多，流失的可能性就越小。购买两种产品的客户的流失率是55%，而拥有四个或更多产品服务的流失率几乎是零。

其二，降低边际销售成本，提高利润率。将一种银行产品和服务推销给一个现有客户的成本远低于吸收一个新客户的成本。吸收新客户的成本是非常高的，而对现有客户进行交叉销售，边际成本极低。通过提供一致的、连贯的银行产品和解决方案，客户会感受到系统的和集成的产品、服务或解决方案能够提供更多的价值，就会对银行刮目相看。

总之，开展合作仅是一个开始，必须源源不断地销售产品，想方设法使合作关系变得更密切。与授信客户合作，交叉销售越多，银行信贷资金越安全，合作越稳定，单项的信贷投入（如一笔贷款）是非常危险的。大的贷款客户没有综合业务的硬性捆绑，很容易被别的银行挖墙角。小的信贷客户没有综合收入回报，分行可能随时要求你退出此类客户。

我做客户经理的时候，对每个客户都会认真解剖，清晰地列出本行的产品目录，分析哪些产品还可以再销售给客户，不漏掉任何一个产品。

在成功拓展北京京奥港集团的贴现业务后，我乘胜追击，营销了敞口银行承兑汇票、全额保证金银行承兑汇票，帮助客户扩大采购；后来，我发现，这个客户收到的银行承兑汇票量非常大，有些是规模比较小的农村信用社的银行承兑汇票，贴现利率非常高，这时候，我建议客户办理票据置换业务，就是将一些较小的农村信用社的银行承兑汇票，置换为规模较大银行的银行承兑汇票，通过这

种方式帮助客户降低财务费用。

经过了解，北京京奥港集团的员工众多，以前都是以现金的方式发放工资，经过一番努力，终于拿下了代发工资业务。实现了从对公营销到对私营销，从鱼头吃到鱼尾。

客户经理要定期回顾总结，看看客户还有什么样的潜力，还可以营销什么。

为客户和银行之间的"双赢"积极磋商解决方案，"单赢"的合作不可能持久。报价过低，你的上级银行不答应；报价过高，客户会流失掉，所以要懂得平衡之道。

很多客户经理喜欢一次过高的报价，这种做法不可取。在你决定给企业提供资金融通的时候，无论企业规模大小，只要客户给了你足够多的回报，在银行政策许可的范围内，都要给其最优惠的价格，这样客户永远不会流失。

　　不管客户规模大小，该向客户提出的要求，就要理直气壮地表达出来。客户承诺过的事项，要求他必须履行，这样银行才会获得合理的回报，银行的高层才会批准为其提供持续不断的资源支持，才可能实现长久的合作，如果对大客户一味地妥协，反而会失去客户。

　　现在商业银行对大客户都是一味顺从，其实，这是错误的。你应该想更多办法去控制这类客户，力争从这些客户身上获得最大的回报。

第十七课

银行永远偏爱有主业的客户

银行喜欢有主业的客户是一个永恒的主题，要非常清楚你的借款人到底是做什么的。你的借款人必须有强大的主业，哪怕这个主业暂时仅产生现金流而并没有赚钱，也不要找一个没有任何主业而看似盈利丰厚的客户。

对于一个贷款客户，客户经理必须能一下说出客户是做什么的。

没有主业的客户现金流时断时续，隐藏了巨大的风险。你要坚信：银行不会选择没有主业的客户。在现金流量表中，必须仔细观察经营活动的现金流，这部分的现金流必须非常充沛。

我们喜欢有正常主营业务的客户，不喜欢多元化经营的公司，尤其不喜欢单纯的投资型公司。新疆德隆规模曾经做得很大，一朝不顺，整个资本王国轰然倒塌。

在银行工作多年的经验告诉我，银行审批人员非常反感没有主业的客户，一句话，这个公司靠什么赚钱，这个客户究竟是做什么的。你必须很快回答出来，否则，项目很难获得通过。

我评价客户的一个重要标准：必须有坚实的主业，而且主业现金流要非常充足，足够偿还银行贷款，还款不能依赖其他融资渠道。主业突出是抵御风险的最坚实的保证，客户可以适度多元化，但是不能从主业过度抽血。

多年来，我一直坚持这个标准，从不改变。对于一些主业不突出，经营情况不稳定，现金流看不清的客户，我坚决放弃，不要去赌，也不想费口舌去说服审批人员，审批人员非常固执，一旦认不准的项目，你就是费尽九牛二虎之力也不会批准。在银行工作多年，我非常信任审批人员，经常遇到一些审批人员再三阻止的项目，后来因为种种原因即使被批准了，最后还是会出现坏账。所以，我营销时遵循一个基本原则，看审批人员的喜好。审批人员是在替我把关，我应该放心。

我在做客户经理的时候发展的几个客户都非常典型，都是竞争非常激烈的行业。结果，这些客户的项目都获得了批准，运行情况还不错。北京奥德行汽车有限公司是丰田汽车的经销商，汽车销售行业竞争非常激烈，但是这个公司的经营效益一直不错，就是缺少合格的担保和抵押品。我们采取以这个公司的关联公司提供担保的方式，提供了1000万元的银行承兑汇票，结果一直合作得非常好。

北京某家金属材料有限公司是北京的一家钢铁经销商，同样缺少合格的担保和抵押品，在关联公司提供担保后，我们同样提供了3000万元的银行承兑汇票，结果吸收的存款超过了5000万元，这样成功的例子比比皆是。

还有一个精彩的案例，北京新东方学校。当时的北京新东方还是一个成立不久的民办学校，但是却显示出强大的生机，招生状况非常好，而且学生都是预付学费，现金流十分充沛。新东方准备购买一座大楼，提出了5000万元的贷款申请，但是没有合格的担保和抵押品。我在新东方

学过托福，非常清楚新东方的现金流，也很清楚俞敏洪的为人，清醒地认识到，在这个阶段新东方缺钱，按照它的发展速度，不超过5年，我们就是想提供贷款，对方也不要了，此时不进入，就再没有机会了。

　　在我行坚持需要俞敏洪个人提供无限责任担保情况下，新东方5000万元的信用贷款获得批准，后来，新东方在我们这家银行的存款超过了3亿元。

　　我一直认为，真正控制风险的不是担保和抵押品，而是对客户的了解，如果你彻底了解客户，就可以有效地控制风险。不是50%的质押率就比70%的质押率安全，不是70%的质押率就比50%的质押率风险大，如果不了解客户，就会有巨大的风险。

　　我要求自己必须非常了解客户，而这个客户必须有坚实的主业，而且主业现金流非常充沛，真正还款的是客户的主

123

业现金流，对于中小企业，这点非常适用。

如何控制风险？担保、抵押不足以控制风险，在客户成心违约的情况下，他可以抛弃一切。

控制风险的关键是对客户经营情况有深刻的了解，客户是做什么的，客户的盈利模式是什么，客户拿我们的信贷资金做什么生意，这单生意能否赚钱，你要用商人的思维来评价客户的行为。如果换成你，是否愿意做这笔生意。

对于客户而言，我们的贷款就是撬动做大生意规模的外部资金，客户自身资本不足以完成项目，我们来帮助客户完成。项目本身必须成功，必须赚钱，这才是真正控制风险的前提。我们提供给客户的贷款、票据、保函、信用证无不如此，帮助客户完成项目。从规模较大、期限较长的公路建设、飞机购买、电站建设，到规模较小的油料经销、钢材经销、家电经销等无不如此。公路建设完工后，通行费能收上来；飞机购买了，有上座率；电站建设成功了，能够上网发电；油料买入了，价格能够上涨。

如果项目失败了，担保、抵押都将没有意义。

担保、抵押是对客户经营行为的控制，让客户有做事的底线，有所顾忌。

贷款不是简单的猜大小的赌博，而是你必须非常了解客户的经营。

客户经理对客户的喜欢，就如同老鼠爱大米，就如同农民爱土地。

第十八课

打造自己的核心
竞争力

品牌就是一种口碑、一种品位、一种格调。

品牌意味着品质。

建立个人的品牌，也可理解为"做有口碑的员工"。不管是在行内，还是行外。每个人都应该打造自己的核心竞争力，让银行认为这里缺你不行，让客户认为缺你不行。这靠什么？靠你对产品的精通。

各家银行的客户经理实在太多了，你必须做到与众不同，在芸芸众生中，让别人很容易看见你。感觉到你明显出众，明显在某些特定的业务领域能力超群。价格不是银行的核心竞争力，银行应该强调的是自己的产品质量，即便是同样受到严格管制的贷款，就因为是我这个客户经理给你服务，所以价格就高，就值得你购买。

在做客户经理的时候，我从来不会销售标准化的产品。我一定要根据客户的经营特点，提供量体裁衣的方案，帮助客户提供有价值的服务。

在做培训的时候，我的一位在某家银行任职的老师是一名优秀的客户经理，他经常邀请自己的客户来做现身说法，我后来问他，你不害怕客户被学员挖墙角，这个老师的回答掷地有声："我是一个有品牌的客户经理，这个客户认人。"

你应该不断学习、不断丰富自己的知识技能。人与人的智商差距不是那么大，除非像比尔·盖茨。学习能力和勤奋精神远比大学和出身重要得多。

客户经理是一个高度市场化的人才，你应该变得很值钱，就如同在集市上叫卖人才。别人的背上只能插着20万元年薪的草标，你却可以插一个200万元的草标，而且是坐在太师椅上，穿着西服，打着领带。

做客户经理最好是市场有猎头来挖你，对你的价值给予承认。

客户也愿意与身价和业务水平极高的客户经理打交道。

我们首先让自己成为名牌产品，有较高附加值的产品。

我们要不断使自己增加价值，熟练掌握银行的各项产品，能够提供给客户综合解决方案，不断提高个人能力。要让客户认为选择我们这样一名客户经理放心。

客户经理要认真学习银行的授信产品，尤其是票据产品、供应链融资产品等，并在特定的业务领域，创造出个人的品牌。

千万不要只有银行花钱自己才肯去学习，才去接受培训。一个人的人生往往可以分为两段，上学和工作。人生的目标就是建功立业，实现个人价值，而上学往往是头二十年，工作的时间则长达四十年。一个很奇怪的现象，一个年轻人在大学期间，没有赚钱的时候，非常舍得花钱，拼命去学习英语，问她为什么，为了出国或者找工作。其实，出国为了什么，不也是为了找份好工作，难道

每个客户经理都应具备独特的核心竞争力

就是为了过把出国瘾？在毕业参加工作进入银行后，不爱学习了，至少不是单位组织的培训不参加，即使参加了也经常请假，参加的也往往是必须有学历证书的，就是想混个文凭。其实大错特错了。首先，我们是给自己学习，单位不组织，自己也要认真学习。其次，为了学历才去学习，试想，学历有什么用，真能帮你拉来存款？难道就因为你是博士，单位就一定要提拔你，客户就一定要在你这里存款？

真正应该用心学习的是银行的业务，能切切实实帮助你的业绩成长，能帮助你实现真正的人生价值。

网上曾经流行一个很出名的帖子，"联想不是家，华为不是家"。其实，联想、华为本来就不是家，是你工作的地方，是你个人把家和工作的地方混淆了。你一定要提高个人能力，只要你个人能力足够强大，哪里都欢迎你，哪里都是你的家。

你不可能永远只属于一家银行、一个上司、一群下属。职场上，变化是永恒的规律，而牢牢树立个人品牌才是应对万变的通行证。

在银行的每一天，我都在学习，每天都生活在战战兢兢中，知识更新太快，我必须让自己能够跟得上时代。

给大家提供一份我的生活时钟：

7：30—8：00　学习产品

8：00—8：30　看经济新闻

8：30—9：00　联系客户

9：00—12：00　营销客户

13：30—17：00　营销客户（分行沟通项目）

17：00—18：00　查资料

18：00—19：00　吃晚饭

19：30—22：00　写报告

大家也许感觉，我的生活就跟苦行僧似的，但我从来不觉得苦。人生短短几个秋，我很害怕时光匆匆过去，却没有任何收获。如果我没有增长自己的才干，我的服务跟不上客户的要求，客户很快就会抛弃我。

竞争不可怕，可怕的是没有精湛的专业技能，没有形成独具特色的工作风格，没有具备别人不可替代的价值。
如果你想在越来越激烈的职场竞争中取胜，你就应该从现
在开始，把自己当做一个品牌去经营。

从前那种进入一个组织、一直工作到退休，对组织
"垂直的忠诚"时代，已经一去不复返了，取代它的是
"水平的忠诚"，是对专业或行业的忠诚。更重要的
是，企业的平均寿命远远低于个人的寿命，在企业里谋
生的职业人，大部分必然面临无数次选择企业的问题，
而有了个人品牌就会有工作的保障。职业才是你最大的
经济来源。

管理风险而不是规避风险。商业银行经营的就是风
险，不可以一味躲避风险，需要有效地管理风险，为自
己设下可以承受的风险容忍度。风险出现有其自身规
律，不可能完全规避。无所作为的一味规避才是最大的
风险。

制定合理措施管理风险，确定能够承受的损失容忍
度，将可能的风险损失降到最低，这才是最佳的选择。

经营银行就如同蚌中取鱼，你必须取出珠，这是生存
的需要。你需要锻炼熟练的取珠技巧，不能因为怕被蚌夹
伤，而不去取珠。一味临渊羡鱼，你肯定被饿死了。

客户经理要对市场变化保持高度敏感，时刻关注新的
客户需求与金融政策。不断学习新知识、新技能，最大程
度地将之运用到实际工作中。善于总结，通过不断改善现

有的工作方法、思路和流程来提高效率。及时调整自己，适应不断变化的环境。在今天的银行竞争中，使用老套路、老方法肯定是不行的，企业的需求在更新，银行不断推出新产品，我们不跟上肯定会被市场淘汰。

第十九课

精耕细作远胜于
一味地拓荒

集中精力做正确的事情，全心投入，放手一搏。

"做正确的事情"比"把事情做正确"重要得多。

经常看见一些客户经理开拓很多客户，非常辛苦，但是业绩却一般。这是因为每个客户拓展都不彻底，很多都是浅尝辄止，并没有深入挖掘每个客户的潜在价值。建议每个客户经理应当确定一个行业、确定一个有潜力的客户集中精力拓展，最大限度地挖掘客户的价值，围绕已经营销成功的客户，向其上游、下游延伸营销。企业在经济社会中生存，总有自己的资金吞吐、收付款对象，客户经理应当摸清企业产业链，进行关联拓展。

任何一家银行如果专注在某一行业、某一领域，就一定会成为这个行业的专家，即便这个行业竞争激烈，存在一定的风险，通过对行业的了解，也能积累规避风险的经验，具备甄别客户的本领。

选择行业的标准应当包括：属于资金密集型行业、客户群体众多、结算模式清晰，适合银行的深度拓展。例如汽车行业，包括汽车零部件行业、整车行业、汽车经销商行业；煤矿企业行业、煤炭经销商行业；石油经销商行业、石油设备制造行业；施工企业、电力设备企业等。

我做客户经理的时候，要求自己只围绕两个行业拓展，绝对不偏向。当年如果不是自己的方向准确，肯定荒废了。

进入银行后，你的目标要明确、要坚定。客户经理就是一家银行最基层的经营单位，不但行长是你，客户经理是你，办公室主任还是你。银行通常不会给你指派客户，没有人告诉你该去营销哪些客户，完全由你自己决定。你需要给自己找出拓展的方向，就如同带兵打仗，你要指挥自己去打仗，找准自己的方向，给自己打下一个山头。

当时我孤身一人来到北京，没有亲缘关系可以依靠，我知道在这种情况下，单纯的存款类客户、特大型贷款客户很难搞定，中小型企业需要授信的客户适合我，所以我一直定位在钢铁经销商、油品经销商、汽车经销商等中型客户，多年来我从未改变方向。坚持一个方向的结果就是会把自己培养成行业的专家，对这个行业的交易规则非常熟悉，积累了较好的人脉资源。开发第一个客户的时候难度较大，由于我已经了解了这个行业的规律，能够准确地把握客户的需求，有了第一个营销，取得第二个、第三个就容易得多了。

北京京奥港钢铁集团有限公司、北京盛都铁业有限公司、北京智恒达有限公司、北京中铁物资有限公司、北京金兴铁业有限公司等客户，都是顶尖的钢铁经销商，给我们贡献了超过2亿元的存款。

由于一直做钢铁经销商，这些客户基本都是敞口银行承兑汇票，还有票据置换、票据质押贷款等产品，慢慢地对票据变得非常精通。

后来，还有一些客户是自己找上门来的，部分是分行推荐的，信贷项目通过率较高。这时候，我有了较好的感觉，通常拿到一些客户的报表后，基本就知道能否通过审批，应当如何设计方案。我这时也形成了较好的工作习惯，每月将客户经营情况、产品使用效果形成简单的书面报告报送分行的审批和风险控制部门，一方面，加强了与分行有关部门的关系，表现出客户经理的责任心；另一方面，在分行树立了自己在钢铁、汽车、油品等经销商方面的专家形象，希望分行给我推荐客户。这么多年的专业营销给我最大的收获就是目标清晰，在营销的时候就可以预见结果，我知道哪些客户适合我。虽然分行也曾经兴起过房地产热、电力热，大家纷纷拉房地产公司、电力公司，但我从未改变方向，那些行业我不熟悉、不适合我，我更希望在熟悉的行业里拓展。

其实成为专家一点也不难，多看看这个行业的资料，多上相关的网站，多与行业内的专业人士交流，只要你熟悉了这个行业的规律，就可以控制这个行业的风险，掌握这个行业的营销之道。

我在做钢铁经销商的时候，非常注意查阅钢铁网、兰格网等专业网站；为了更好的做煤炭经销商，我专门订阅了《中国煤炭报》，基本走遍了中国的山西、内蒙古等地，了解当地的煤炭市场，由于北京的煤炭经销商都是去山西、内蒙古进煤，销往沿海，我基本上与煤炭经销商生活在一起。我一直认为，要想挣一个行业的钱，必须成为这个行业的圈内人，熟悉这个行业的游戏规则。

经营银行就如同一项长期投资，我们应该向巴菲特学习，专注于自己熟悉的行业，可以多年寂寞地孤守这座城池。今天，我们看巴菲特已经成为一代股神，而同时代很多基金公司都已经成为过眼云烟。每个客户经理不妨在年初给自己确定一下本年度开拓客户的方向，就在确定范围内拓展，经过长时间积累，一定会成为这个行业的专家。其实每个行业都有好项目，只要设计合理的服务方案，都可以降低风险。客户经理切忌每个行业都做，对哪个行业都是蜻蜓点水，知之甚少。

建议每个客户经理认真研究好一两个行业，进行深度营销，营销不要偏离方向。

曾国藩曾说过"与其挖十口没有水源的井，不如去挖一口有确定水源的井"。客户经理拓展中最大的问题是成功率太低，劳而无功，一是浪费了时间，二是挫伤了锐气。在一个行业精耕细作的最大好处是可以形成自己在某个行业的品牌，有了品牌，客户自然滚滚而来。

【案例】

中联重科模式化营销授信方案

一、企业基本情况

中联重工科技发展股份有限公司（以下简称中联重科）在深圳交易所上市，是中国工程机械装备制造业的领军企业，全国首批创新型企业之一。主要从事建筑工程、能源工程、交通

客户经理~定要熟悉营销的行业

工程等国家重点基础设施建设工程所需重大高新技术装备的研发制造。公司注册资本为19.71亿元，员工约2万多人。

经济全球化的趋势下，中联重科以产品系列分类，形成混凝土机械、工程起重机械、城市环卫机械、建筑起重机械、路面施工养护机械、基础施工机械、土方机械、专用车辆、液压元器件、工程机械薄板覆盖件、消防设备、专用车桥等多个专业分公司、子公司。

二、银行切入点分析

中联重科近期销售情况。

工程机械业已经显示出超预期增长的迹象，我国工程机械行业迎来了超预期高速增长。上半年大量工程项目进入施工阶段，掀起了工程机械的销售热潮。高幅的净利润增长已经成为工程机械上市公司的一种普遍现象。

中联重科作为全国工程机械龙头企业，上半年实现了销售量的大幅度增长。从目前的销量来看，其销售量最大的机型还是多次获奖的工程起重机械系列。上半年，工程起重机械系列产值与销售额均实现大幅增长，1月至6月实现销售同比增长达60%以上，增长规模行业第一，行业新增市场贡献率超过50%，远远领先竞争对手。另外，汽车市场占有率大幅提升，在世界起重机行业排名再进一位，跻身世界前五强。

三、银企合作情况

银行对该公司发起授信，授信额度为77亿元。

中联重科目前在银行授信使用情况

授信品种	金额（万元）
进口开证	34000
银关保	10000
保函	10000
国内无追索权保理	300000
流动资金贷款	50000
工程机械回购担保	360000
法人透支	6000
总计	770000

（一）中联重科上游企业模式化营销方案

由于中联重科业务逐步扩大，对其上游供应商的要求与压力也逐步增大。中联重科上游供应商由于规模及资金的限制，如果不能及时跟随中联重科的发展步伐，将会在供应渠道上大大制约中联重科业务的发展，而其上游供应商也想借此契机发展壮大，以确保在中联重科的业务份额。因此中联重科及其上游供应企业都希望能解决资金周转困难的问题，针对这种情况，银行及时推出"中联重科物质采购供应商链式融资模式"贷款业务及"1+N"保理业务，以满足企业的融资需求。

银行已成功营销"1+N"保理客户7户，办理保理业务为4870万元，目前尚有3家企业正在准备保理业务资料，可于近期放款。

（二）营销计划

1. 优化租赁保理产品，满足企业改善报表需求。

银行租赁保理产品开通以后，迅速被其他银行复制并得到快速发展和改良。其中银行利用集团优势，引进中银保险公司承担90%的信用保险责任，中联重科只需承担10%的回购担保责任，较好地解决了企业改善财务报表的迫切需求。

租赁保理的创新开拓，为银行与中联重科授信领域的合作揭开了全新的一页。中联重科在银行对公存款余额达12.8亿元，保理余额达20.9亿元，已为银行带来利息收入约1亿多元，中间业务收入为1000多万元，预计3年保理利息收入将超过4.5亿元，中间业务收入超过2000万元，其综合效益非常可观，同时也为银行进一步改善服务提出了更高的要求。银行应积极顺应市场，整合集团优势，借鉴同业经验满足企业实际需求，以保持银行租赁保理产品的持续竞争力。

2. 增加流动资金贷款额度为12亿元，以增加银行对公日常结算业务的渗透。

目前银行流动资金贷款约3亿元基本用于其收购后的企业华泰重工的日常周转使用，其他分公司和事业部日常业务需求还得不到满足，如浦沅分公司和混凝土事业部每年银行承兑汇票开票量分别达40余亿元。由于流动贷款额度的限制，银行一直未能有效介入各分公司和事业部的日常采购结算业务。

3. 配套外币贷款折合人民币额度约5亿元，以扩大银行开证业务市场占比。

依靠多年的合作背景和人脉关系的不断渗透，银行与中联重科的合作目前正处于全面开花并不断加深的良好时机，开证业务也经历了从无到有的发展过程。近一年来，由于公司财务集中管理程度逐步提高，各事业部自主开证权受到控制，公司总部加强了对财务成本的严格控制和考核，受外币贷款额度限制，银行开证业务遭遇发展瓶颈，甚至出现萎缩迹象。因此，银行迫切需要配以适当的外币贷款额度，以有效降低信用证到期企业付款的财务成本，扩大银行开证业务市场份额。

 客户就好比是一只螃蟹，各类银行授信产品就是小刀、勺子等工具，我们使用各种工具将这只螃蟹吃干净，不熟悉银行产品根本做不到。所以，说来说去，还是必须熟悉银行产品。

第二十课

必须有自己的
进退之规

原则永远不可突破。客户经理应当确立自己做人的规矩和处世原则，恪守职业操守，时刻检视自己的行为。有些诱惑绝不可以碰，不可以越雷池半步，一旦有任何把柄操控于客户，就如同一把尖刀横在客户经理头上，随时会落下伤人。客户经理属于中国富裕人群，而银行提供足够的福利保障，在退休的时候，能够全身而退就会非常富足。千万不可因为一时小利所惑，使自己深陷囹圄。

要规规矩矩挣钱、正正经经做事、堂堂正正做人。

客户经理应当建立自己的做事规矩、处世原则、拓展客户的原则，有些项目即便利润再大，客户描述的前景再好，也不要轻易去碰。如一些小型电厂项目、一些高风险商铺项目，可能会带来一定存款和个贷业务收益，但是却隐含巨大的潜在风险。国家政策限制的项目永远不要去碰。

在银行按规矩办事，你会从从容容，风险尽在掌控之中。即使真的出现风险，银行会对事不对人；一旦超越规则，银行就是高风险的行业，你很可能踩到地雷，银行会对事又对人。一个贷款项目，只要手续合规、按章操作，没有个人利益掺杂其中，出了风险，属于天灾；如果个人利益掺杂其中，那么就是人祸了。天灾可以容忍，但人祸的容忍度为零。

很多银行提出，对不良贷款是零容忍，这是不对的，如果出现不良就修理客户经理，那么谁还愿意做信贷呢。

银行本身就存在经营风险，每年提取足够的坏账准备就行了，出了坏账，核销呆账就是了。

其实，做客户经理挣钱相当容易，就把客户当成你的作品，试图从他身上获取更大利润。你可以这么做，银行满意，你个人也满意。比如一个客户在你那里贷款了，且金额较大，而这个客户属于弱势企业，很感激你。好办，就让这样的客户在你这家银行尽可能多地沉淀资金，尽可能多地办业务，最好将代发工资、企业纳税账户、企业的所有资金统统放在你这家银行，要求这个企业将其上下游客户都介绍给你。你将会有更多的业绩，从银行分得更多的奖金。

还可以诚恳的告诉客户，如果客户在你这家银行综合回报不高，贷款到期可能就不提供了，而且自己净办理贷款了，没有综合回报，上级单位要考核自己的，一旦考核不及格，就不能做客户经理了，就不能维护客户了。客户一担心，存款自然就过来了。

客户把更多的钱交给银行，然后由银行采取奖励的方式转移支付给你，这种方法既安全，又体面。

君子一定好财，需要养家糊口。但是取之一定有道，这样方能永远有财。

不要冒你承担不起的风险，或本不应该你承担的风险。在信贷业务中，经常出现客户犹豫或不想还款的情形，或提出其他无理的要求，你应有理有据地拒绝，切不

宁可降低贷款利率　绝不降低贷款标准

可自作主张，一味地迎合客户而尝试违反银行的制度。更不可为了业绩而参与弄虚作假，按制度行事是保证你在银行安身立命最起码的底线。

　　银行客户经理是个高危行业，信贷本身风险就较大，而且外在诱惑又较多，能够把握住自己真的很困难。

　　涉及原则的问题必须坚持。

　　如客户提出贷款担保方式的改变、到期贷款归还可能延期、抵押率的调整等，这些涉及了银行的信贷经营原则，你必须坚持按规办事，没有讨价还价的余地，无论客户给出何种理由，都要明确告诉客户，原则问题不可以谈，这些是合作的基础，不能改变，非常干脆地让客户打消这个念头。

有时，并非客户做不到，而是在试探你，与你博弈，客户希望得到一些额外的利益。你一旦答应，从此将陷入被动，本来很好处理的问题，却陷入非常困难的境地。如一笔贷款客户提出展期，你一旦答应，今后将只能展期下去，很难改变。如果在第一笔贷款到期的时候，就要求客户必须归还，那么在大部分情况下，只要客户有能力，一般都会归还，这时需要你非常强势。记住，在与客户合作的过程中，要善于控制对方。

客户经理和客户打交道要有礼有节。不能因为对方是大客户就一味迎合，对客户的不当要求要坚决拒绝，在谈判中为银行的利益据理力争，客户反倒会被你的敬业精神和"难缠"所感动，从而赢得他们的尊重。

非原则问题可以或进或退。

如客户希望降低委托贷款手续费，希望分期提款，提前归还贷款等，只要不违反监管政策规定，仅是银行挣多挣少、工作量可能增减的问题，可以酌情答应客户，尽可能给客户提供便利。

《孙子兵法》云："致人而不致于人。"银行与客户是始终处于博弈状态的一对矛盾体。作为商业银行的客户经理，在合作之初就要确立双方合作的规则，只要你一直坚持，客户一般都会配合你的节奏。记住：控制客户而不是被客户控制。

【案例】

成功收回汽车经销商票据融资

正确的做法：如某汽车经销商在厦门××汽车制造有限公司提供回购担保的情况下获得1000万元的银行承兑汇票额度，票据到期前，客户经理通知客户准备兑付票据。经销商声明由于销售不佳，无力解付票据，希望银行能够展期或要求银行介绍其他企业给其融资，客户许以高息。客户经理在得知消息后，马上报告支行行长。行长在与分行协商后，决定对经销商采取强势，要求其必须偿付票据，同时通知厦门××汽车制造有限公司准备回购汽车。厦门××汽车制造公司首先尝试调剂销售汽车未果后，在银行承兑汇票到期当日，主动划还一笔资金解付票据，厦门××汽车制造有限公司将整车提走。该银行在与该汽车经销商的博弈中全身而退。

错误的做法：某银行客户经理为上海立生公司办理一笔300万元流动资金贷款，提供房产抵押，贷款到期上海立生公司没能还款。上海立生公司要求银行为其找资金还款，并许以高息，承诺一旦归还银行此笔贷款后，将配合银行办理新的借款，再归还拆借来的资金。银行客户经理为其介绍上海新信贸易公司300万元资金，支行擅自为上海新信贸易公司提供了担保，在贷款给上海立生公司后归还银行融资。后来，由于总行重新制定了对部分行业中小客户退出的政策，总行上收了审批权限。对上海立生公司的新贷款没有能够发放,上海新信贸易公司在追索无望后将银行告上法庭,银行支行行长、客户经理被开除。

【点评】

以上都是真实发生的案例,基本是两个相同的事件,结果却大相径庭。

第一个案例,银行采取了正确的措施。虽然经历了一些周折,还是安全收回银行本金。可以设想,一旦答应了该经销商的要求,将步步受制,本来银行可以控制汽车厂商,风险迎刃而解。而银行一旦将贷款展期,或介绍其他企业资金给经销商,将步步受制于经销商,最终增加风险。

第二个案例,银行将本来的大好局面丧失殆尽。只要强行将抵押房产进行拍卖,客户慑于法律的压力,会想办法筹措资金还款的。即便从最坏处着想,将房产进行变现处理,银行通常也不会出现较大的风险损失。

要锻炼强大的驾驭能力。客户经理必须有极强的驾驭能力,在与客户建立合作之初,就应非常了解客户,占据有利位置,牢牢把握住合作的主动权,让客户按照你的意图行动。驾驭能力强大的客户经理成为了支行行长,驾驭能力稍小的也能够成为业绩出色的客户经理,而驾驭能力最小的只能过平庸的生活。你必须有极强的驾驭意识,没有也要去培养。学会驾驭客户、控制客户,银行才能步步为赢,不断进行深入的交叉销售。控制客户,无论合作关系多久,无论是大客户还是小客户，失去控制，信贷客户可能出现不良，存款客户可能丢失。

　　只有客户处处受制于我，而我却时时不受制于客户，才能真正拥有合作的主动权。对于信贷客户，这条原则非常重要。初入银行的新兵往往缺少这种能力，一些客户在申请授信的时候，在资料不充分的情况下，反复催促客户经理，客户经理可能会乱了阵脚。

　　如一个客户，在合作之初我们就要求其提供房产进行抵押，客户反复强调操作成本太高，太复杂，但是我可以明显感觉到这个客户非常需要这笔信贷。在反复坚持下客户终于接受了房产抵押，在办理了银行承兑汇票后，客户又不愿意在我行办理结算流水。在我的一再坚持下，客户最终接受。目前，这位客户与我们合作的非常好，充分配合银行工作。